好爸爸好妈妈丛书

再次涌来的幸福

写给二孩家长的60封信

殷余忠 殷丽芳◎著

海天出版社（中国·深圳）

图书在版编目（CIP）数据

再次涌来的幸福：写给二孩家长的60封信 / 殷余忠，殷丽芳著. — 深圳：海天出版社，2017.4
（好爸爸好妈妈丛书）
ISBN 978-7-5507-1889-0

Ⅰ. ①再… Ⅱ. ①殷… ②殷… Ⅲ. ①家庭教育 Ⅳ. ①G78

中国版本图书馆CIP数据核字(2017)第021953号

再次涌来的幸福：写给二孩家长的60封信
ZAICI YONGLAI DE XINGFU：XIEGEI ER HAI JIAZHANG DE 60 FENG XIN

出 品 人	聂雄前
责任编辑	李 春
	班国春
责任技编	蔡梅琴
装帧设计	线艺设计 电话：83460339

出版发行　海天出版社
地　　址　深圳市彩田路海天综合大厦7-8层（518033）
网　　址　www.htph.com.cn
订购电话　0755-83460397（批发）　83460239（邮购）
设计制作　深圳市线艺形象设计有限公司　0755-83460339
印　　刷　深圳市希望印务有限公司
开　　本　787mm×1092mm　1/16
印　　张　12.5
字　　数　170千
版　　次　2017年4月第1版
印　　次　2017年4月第1次
定　　价　32.00元

序言

　　2011年11月，我国各地全面实施"双独二孩"政策；2013年12月，我国开始实施"单独二孩"政策；2015年10月，中国共产党第十八届中央委员会第五次全体会议公报指出："坚持计划生育基本国策，积极开展应对人口老龄化行动，实施全面二孩政策。"随着"全面二孩"政策的实施，不少夫妻迫于家庭或年龄压力，在没有做好充分思想准备和心理准备的情况下，匆匆忙忙怀孕和生产，看着二孩一天天长大，心里既幸福又紧张，唯恐对孩子教育不到位。面对孩子成长过程中出现的各种状况，不少二孩家长缺乏正确的应对方法，往往感到束手无策。

　　本书的两位作者是在一线工作的两位教育工作者，多年来致力教育理论和实践知识的学习，是江阴市家庭教育指导中心组的两位组长，随着"全面二孩"政策的实施，两位作者又将视野转到了二孩教育上。从2015年9月开始通过问卷、座谈、访谈等形式调查了300多个二孩家庭，积累了大量的第一手资料，深刻体会了许多家长在二孩家庭教育过程中的酸甜苦辣，全面了解了家长在二孩教育过程中的感情经历、成功经验和不足之处。2016年5月，两位作者通过多次商讨，决定从访谈得到的原始资料中筛选出60个二孩教育典型问题，将这些问题撰写成书，以飨读者。这60个问题具有广泛性和代表性，包括亲情关系、行为辅导、学习辅导等部分，覆盖了二孩家庭教育的许多方面。难能可贵的是这60个案例都是两位作者第一手资料的总结和提升，来源于家庭教育，又对家庭教育具有很好的指导意义，具有很强的实践性和可操作性。

我为他们两位这种精进的专业精神所感动，应他们所邀，欣然为本书作序。为人父母，既然"生其身"，就要"树其人、暖其心、导其行、砺其志"，抚育孩子成人、成才。让中国出现更多智慧的父母，为了孩子，改变自己！

中国人才研究会经济人才专业委员会 金子谦

作序于 2016 年 12 月 15 日

自序

　　我国现已全面实施二孩政策。实施"全面二孩"政策既顺应了群众期盼，进一步彰显以人为本的理念，改善家庭人口结构，显著增强家庭抵御风险能力和养老照料功能，更好地促进家庭幸福与社会和谐；也有利于稳定适度低生育水平，减缓人口总量在达到峰值后过快下降的势头，有利于人口长期均衡发展和中华民族长远发展；还能有效应对和积极缓解人口结构性矛盾的长期影响，保持合理的劳动力数量和结构，延缓人口老龄化速度，为转变经济发展方式、培育经济持续健康发展新优势，准备更为有利的人口条件。

　　斯宾塞在《家庭教育经典语录》中对父母与孩子如何共同成长进行了论述，他认为："作为父母的你绝对要清楚，孩子的性格怎样，几乎完全取决于你的教育方式如何。"这充分说明了家庭教育的重要性。家庭是社会的细胞，人是在家庭中学会走路、说话、行为规范和生活自立的，也是在家庭中获得身体的发育、心理的发展、个性的形成与社会生活基本技能的。家庭教育对人一生所产生的作用，是学校教育和社会教育无法替代的。随着"全面二孩"政策的实施，不少夫妻迫于家庭或年龄压力，在没有做好充分思想准备的情况下，匆匆忙忙怀孕和生产，看着孩子一天天长大，心里既幸福又紧张，唯恐对孩子教育不到位，唯恐孩子走上错误的道路；不少夫妻面对两个孩子的生活，手忙脚乱，焦头烂额，力不从心，缺少家庭教育知识的学习，对孩子只重抚养缺少教育；不少家长在二宝出生前过分宠爱大宝，二宝出生后精力全放在二宝身上，冷落或忽视了大宝，导致孩子唯我独尊，害怕竞争，独立性差，责任心不强，出现手足之争；不少家长受当前应试教育的影响，出于功利和竞技的目的，忙于给孩子挑选各种各样的辅导班，缺少对孩子品德和人格的教育，在应试的道路上越奔越快，而孩子的声音越来越听不见，面对孩子成长过程中出现的问题，往往感到束手无策。

正因为如此，我们两人从 2010 年起开始研究家庭教育，坚持把心理健康教育理论运用到家庭教育中，为中小学和幼儿园家长作了 300 多场讲座，每次讲课均受到家长的热烈欢迎。2015 年开始，我们两人又访谈了 300 多个二孩家庭，家长提供了许多二孩教育的经验教训，提出了许多二孩教育的问题，我们筛选出了其中 60 个问题，将其编辑成书。这些问题包含亲子关系、手足关系、行为辅导、学习辅导和心理辅导等多方面内容，从心理健康教育的理论和实践出发，在科学分析的基础上，提出了具体的教育方法和策略，说理透彻，分析清晰，通俗易懂，具有较强的实践性和可读性，可谓是一本非常符合市场的实用性图书。

世界上有许多事情可以等待、可以重来，唯独孩子的成长不能等待，不可重来。抚育孩子成人成才，不仅是每一对父母应尽的责任，也是全社会共同的责任。为了孩子，让我们携起手来，共同担当起教育的责任，为孩子的终身发展而努力。

是为序。

殷余忠　殷丽芳
2016 年 12 月 25 日

目
录

亲情关系编

积极心理编

学习辅导编

行为辅导编

亲情关系编

再次满亲的

写给二孩家长的60封信

满腔热情迎二宝
——如何引导好大宝接纳二宝

鼎鼎妈妈:

您好!

来信已收悉。您在来信中谈到自从您怀上二宝以后,4岁的大宝鼎鼎突然变得阴晴不定,晚上睡觉的时候非要您抱着睡,整天腻在您身边,搂着您的脖子吵着要您抱,上幼儿园经常迟到。有一次,因为孕期反应,您在厕所呕吐不止,鼎鼎从来没有见您这样难受过,急忙问您:"妈妈,您是不是生病了?"您随口说:"不是妈妈生病了,是小宝宝在肚子里捣乱。"听到这话,鼎鼎的脸气得都变了形,气愤地说:"我要打死他!"看到孩子的这些表现,您心里有些担忧,不知道该如何让大宝接纳二宝。

鼎鼎妈妈,根据杜恩和肯德里克对儿童如何接纳新生婴儿进行的研究表明,随着第二个婴儿的出生,母亲对第一个孩子的关注和注意都会减少,大宝如果已经超过2岁或者更大,往往能够很容易地感知到与父母间的亲密关系被弟弟妹妹破坏。如果大宝在情感上较敏感,就会在意失去的爱与关注,为了缓解心中的怨气,往往会出现行为退化,对二宝心生憎恨和厌烦感,变得对立和具有破坏性。

鼎鼎妈妈,如果大宝不能接纳二宝,大宝就会感到被冷落,大宝的心里就会产生不平衡,行为变得偏激,不仅会影响亲子之间和两个孩子之间的感情,而且会影响大宝的健康成长。那么,家长应该如何引导大宝接纳二宝呢？

1. 告诉事实

家长要告诉大宝怀孕的事实，和大宝说"有个小宝宝在妈妈肚子里，等他长大了，他就会成为我们家里的一分子，我们大家相亲相爱"，而不要说"妈妈肚子不舒服，所以才鼓起来"这样的谎言来欺骗他；同时要让大宝知道，当二宝来了之后，父母会分一些时间给二宝，这不表示父母不爱大宝了，父母对大宝的爱并没有变，只不过是二宝现在比较弱小需要家人的照顾。这样，大宝才会有心理准备，才能感受到安全感和归属感。

2. 讲清道理

家长要讲清二宝出生后，给大宝带来的好处。比如，大宝会得到二宝的爱；二宝长大后会与大宝玩；大宝可以充当二宝的老师，会很有成就感；大宝会因为有了二宝而额外获得一些物品等等。家长还可以引导大宝阅读讲述兄弟姐妹的绘本，比如《我是一个大姐姐》《我是一个大哥哥》等等，借助绘本故事让大宝为自己要当哥哥姐姐而感到兴奋和开心，而不是难过和不安。

3. 一起照顾

妈妈在怀孕期间，可以邀请孩子来一起感受腹中小生命，请孩子给腹中的弟弟妹妹讲故事、唱歌等，要让大宝知道，有了他的帮助，妈妈的孕期才会更加顺利和愉悦。在二宝出生后，妈妈可以经常邀请大宝一起帮忙照顾弟弟妹妹，比如，请他帮忙看一会儿二宝，帮忙拿奶粉、尿不湿等。给二宝起小名的时候，也要参考大宝的意见。要经常对大宝说感谢和鼓励的话。这样，可以增强大宝的成就感，增进两个孩子之间的感情。

4. 保证陪伴

无论多忙，家长每天都应抽出一定的时间单独陪伴大宝，家长的陪伴能够让大宝感受到，他在父母心中的地位是独一无二、无可替代的。家长留给大宝的单独时间越多，大宝越不会妒忌二宝，因为孩子已经从家长的行动和语言中深切地感受到了浓浓的爱。

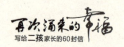
5. 防止伤害

　　周围人常说的一些玩笑话，比如，"等二宝出来，爸爸妈妈就不喜欢你了""等二宝出来了，你好吃的东西就会被二宝抢了""赶快多吃好吃的，等二宝出来了你就没有这么好的待遇了"等等。家长事先要告诉大宝，这是周围人逗着玩的，并不是事实，以防周围人的玩笑话对大宝造成伤害。

　　鼎鼎妈妈，家长只有以朋友的心态与角色与大宝沟通交流，多给大宝心灵上的支持，帮助孩子建立健康的同辈关系，学会兄弟姐妹和睦相处之道，学会爱和尊重，才能把家庭建设得更和谐、更幸福。我相信，经过你们的努力，大宝一定会愉快地接纳二宝的。

　　最后，祝您全家身体健康，快乐幸福，事事如意！

　　此致

敬礼

殷老师

2015 年 3 月 7 日

2

行为退化有原因
——如何对待大宝的行为退化

果果妈妈：

　　您好！

　　来信已收悉。您在来信中谈到您家大宝果果是个男孩，今年 5 岁，正在幼儿园上小班，二宝成成是个女孩，出生才 3 个月。成成出生以后，您发现大宝果果行为有点异常。果果本来已经和你们分床睡了，可最近却经常钻到您的被窝里，要求和您一起睡，弄得您晚上睡觉时左边一个孩子，右边又是一个孩子，仿佛有种夹缝中求生存的感觉。果果吃饭、洗澡都要您陪，看到您抱成成，果果也假装自己不太会走路，吵着闹着要您抱，看到成成用奶瓶喝水，果果也抢着奶嘴来吸，这种情况在您忙于照顾二宝时更为严重。昨天早上，果果跟您说："今天肚子痛，不想去幼儿园。"您只能把成成交给保姆照料，开车带果果到医院看病，结果医生检查下来，没发现果果身体有什么不好。果果终于坦白："我早上是骗你们的。"看到果果的这种表现，您感到非常头疼。来信询问，不知道这到底是怎么一回事，如何解决孩子的这种问题。

　　果果妈妈，这是二宝出生后，大宝出现的行为退化问题。弗洛伊德认为，恋母情结是一种人类普遍存在的现象，所有孩子在成长发展的过程中，都会面对它所带来的挑战。从心理学的角度来解释，孩子在成长过程中会发现，妈妈是一个可以完全满足自己生理和情感需求的人，所以孩子对妈妈有着占有欲，渴望妈妈是完全属于他的，也希望妈妈可以随时陪在他身边，及时回应他的需求。弟弟妹妹出生以后，大宝会感觉到弟弟妹妹就是来和自己抢妈妈的，因此大宝会缺乏安全感，以种种排斥、抗拒的反应来表达不满和焦虑，出现行为退化现象。

果果妈妈，大宝出现的行为退化现象是一种很正常的现象，但是如果这种行为退化现象得不到父母理解，甚至被父母指责，孩子就会陷入负罪感中，变得越来越消极，出现心理问题，影响孩子的健康成长。那么，应该如何对待大宝的行为退化现象呢？

1. 接纳理解

接纳在生活中是指接受和采纳的意思，接纳孩子是指接受孩子在不同成长阶段的特点。在家庭教育中接纳和忍受是有很大区别的，接纳指家长真正地了解孩子，内心知道孩子的行为是出于何种需求；忍受则是家长不能正确面对孩子的表现，为了教育需要不得不压抑自己的消极情绪。当孩子出现行为退化时，家长要接纳孩子的这种表现。如果将其当成错误的行为或者强行纠正的话，孩子渴望得到家长爱与关怀的欲望没有得到满足，就会引起新的问题。比如，孩子会在家长面前表现得规规矩矩，但在没有家长在场的状况下就会欺负弟弟妹妹，反而会让孩子有负罪感，行为表现不一致。

2. 给予关怀

关怀理论提出，每个人都有关怀与被关怀的需要。大宝模仿二宝出现的一些行为退化现象，是因为大宝不甘心爸爸妈妈对自己的爱和关怀瞬间倾向二宝，为了重新找回爱和关怀而做出的本能反应。这时，家长应给予大宝更多的爱与关怀，当大宝的失落感被家长的爱与关怀所弥补，孩子就会安心，退化的行为也会渐渐转化为正常的成长。

3. 共享礼物

二宝出生后，亲朋好友前来看望的时候会给二宝带来很多礼物，大宝看在眼里，羡慕在心里，无意中会感受到失落。这时候，家长就要刻意地夸奖大宝，让客人也重视大宝，以此来化解大宝心中的不平之气。同时准备一些礼物给大宝，让两个孩子有平等享用的机会。

4. 增强自豪感

二宝出生后，家长借机培养大宝的自豪感非常重要。比如，和大宝说"你是哥哥，以后弟弟就要听你的了""你已经会自己吃饭了，但是弟弟只会喝奶，你很了不起"等等。大宝听到这些话语，安全感和自豪感就会油然而生。

5. 不要强迫

幼儿时期，孩子的认知发展还不成熟，往往会以自我为中心去思考事情，很难站在别人的立场去考虑。如果家长强迫孩子照顾二宝或者谦让二宝，反复强调照顾弟弟妹妹是他的义务，反而会无形之中激起大宝的反抗意识，非但不能解决问题，反而会加深两个孩子之间的隔阂。

果果妈妈，在孩子的成长过程中，既会有相亲相爱、手足情深，也会有争吵打闹、冲突矛盾。作为家长，只有不断地学习，理解孩子说话做事背后的原因，跟孩子一起成长，才能收获其乐融融的幸福一家。我相信，随着你们的努力，一定会很好地解决孩子的行为退化问题的。

最后，祝您全家身体健康，快乐幸福，事事如意！

此致

敬礼

殷老师
2015 年 4 月 7 日

行为内化滞发展
——如何对待大宝的行为内化

瑶瑶爸爸：

您好！

来信已收悉。您在来信中谈到您家大宝瑶瑶是个女孩，今年6岁，正在幼儿园上中班，瑶瑶平时有点顽皮，从不做家务事，有时还会耍些小脾气。二宝喆喆是个男孩，出生才11个月。喆喆出生以后，瑶瑶的性情和行为有了较大的改变，突然间变得非常懂事温顺。前天下午，瑶瑶看到你们在给喆喆换尿布，竟识趣地躲在一旁玩玩具，一边玩还一边偷偷地看你们。看到你们给喆喆换好尿布以后，对喆喆又是亲又是抱，又是举又是笑，瑶瑶眼中充满了泪水。昨天晚上，看到你们给喆喆洗澡，瑶瑶赶快把剩饭剩菜端到厨房，洗好碗筷，独自一个人进入自己的房间，躺在床上，灯也不开。看到瑶瑶的这种情况，您很困惑，不知道孩子为什么会出现这些现象，怎样才能解决孩子的这个问题。

瑶瑶爸爸，二宝的诞生使原本的家庭关系开始产生变化，大宝的生活也受到冲击。大宝会发现爸爸妈妈陪伴她的时间变少了，原本完全属于她的房间被重新规划，摆上了许多二宝的东西，爸爸妈妈甚至会半强迫地要她把某些她很喜欢的旧东西送给二宝，大宝心中会产生一种"失宠"的感受。为了要回原先的宠爱，有些大宝会过度压抑自己的想法和感受，千方百计地讨好父母，迎合和顺从父母，让父母更喜欢自己，以保住自己的地位，出现行为内化现象，会表现得畏畏缩缩、缺乏自信、焦虑不安。

瑶瑶爸爸，出现行为内化现象的孩子，往往会把自我价值建立在自己的成就和能力上，一旦自己表现不好，就会自信不足，做事畏畏缩缩，产生焦虑、忧郁等心理问题。那么，应该如何矫正孩子的行为内化现象呢？

1. 别让压力降低敏锐

压力是压力源和压力反应共同构成的一种认知和行为体验。现代人生活工作忙碌，节奏紧张，心理压力大。面对忙碌的工作和家务，家长也要保持高度的敏锐性，及时察觉大宝和二宝的情绪状态，及时反省自己的教养方式，在关照到二宝需求的同时，及时回应大宝的需要，照顾大宝的感受。

2. 别让忙碌减少陪伴

不管多忙，家长每天都要抽出一点时间单独陪伴大宝，这种陪伴是重质不重量的，即使时间很短，也要让大宝觉得自己与爸爸妈妈的关系是非常稳固和安全的。通过陪伴，大宝就不会那么介意爸爸妈妈如何对待二宝，手足间就会心无芥蒂，亲子之间就会有自然而然的正面互动，从而建立良好的亲子关系。

3. 别让情绪恣意膨胀

当孩子表现出委屈、焦虑甚至抑郁情绪，产生退缩、迎合甚至讨好行为时，家长要鼓励孩子把自己的想法和感受说出来，使负面情绪及时得到宣泄。如果孩子的负面情绪得不到宣泄，就会越来越膨胀，最后变得无法收拾。

4. 别让爱和表现挂钩

家长要帮助孩子建立良好的观念，让被爱与否和孩子的表现脱钩，让孩子感受到家长爱他并不是因为他的能力很强、长得可爱、表现很棒或是任何其他外在条件，而是一种"无条件的爱"。家长要让孩子明白，每个孩子都是独一无二的，在爸爸妈妈心中都是最重要的，没有任何人可以取代。

5. 别让溺爱代替自立

不少家长发现大宝有情绪或行为问题以后，就一个劲儿地找大宝谈

心，一个劲儿地补偿大宝，往往由此产生溺爱、包办代替等教养方式，这种方式反而会影响两个孩子之间关系的正常发展，阻碍孩子成长。其实，二宝出生以后家长更应该培养大宝的爱心，让大宝承担起一部分照顾二宝的责任，分享照顾二宝的快乐。比如，让大宝用奶瓶给二宝喂奶，陪二宝说话等等，这样，大宝才会逐渐自立，增强责任心。

　　瑶瑶爸爸，面对二宝分享父爱和母爱时，大宝难免会有一丝不安。作为家长要从认同大宝的感受出发，帮助孩子调整失衡的情绪，及时引导大宝接受二宝，解决好孩子的行为内化问题，使二宝的到来成为大宝一种正向的生命体验。我相信，随着你们的努力，一定会很好地解决孩子的行为内化现象的。

　　最后，祝您全家身体健康，快乐幸福，事事如意！

　　此致

敬礼

殷老师
2015 年 5 月 18 日

4

行为外化惹人厌

——如何对待大宝的行为外化

芳芳爸爸:

您好!

来信已收悉。您在来信中谈到您和妻子生育了两个女儿,大女儿芳芳今年 8 岁,正在上二年级,小女儿圆圆,刚满 20 个月。圆圆没出生之前,芳芳聪明可爱,善良懂事,从不和同伴吵架。圆圆出生以后,不知怎么回事,芳芳经常惹是生非,攻击欲望很强。前天下午,芳芳和一群小朋友在小区的沙坑边上玩沙,住在您家楼上的霖霖不小心把芳芳堆的沙堆碰倒,芳芳马上就去抓霖霖的脸,等您发现时,霖霖脸上已经有三道明显的血印子。昨天晚上,您给了圆圆一辆赛车,芳芳竟推倒圆圆,夺过圆圆手中的赛车,把赛车藏了起来,圆圆当场嚎啕大哭。看到芳芳的这种变化,您心里感到非常纳闷,孩子怎么会接二连三地发生攻击行为,不知道该如何解决孩子的这种问题。

芳芳爸爸,二宝出生以后,由于家长把主要精力放在抚育二宝上,大宝感觉受到冷落,产生生气、愤怒的情绪,由于大宝年龄尚小,自控能力相对较差,很容易冲动,出现行为外化现象,通过攻击来解决问题和矛盾。比如,通过打人、骂人、大吵大闹、破坏或是干扰的方式,把自己受挫的怒气对外发泄,孩子的这种行为外化现象目的主要是引起家长注意,希望家长多给她一些陪伴和关爱。

芳芳爸爸,孩子的每一种情绪和行为,背后都有其不同的原因及功能。

如果家长不去仔细分析孩子行为外化的原因，简单地把孩子修理一顿，压制或否定他的情绪，不但无法填补孩子心中的缺口，更会使孩子出现更强烈的负面反应，甚至形成行为习惯，不但影响孩子的学习生活，而且影响孩子以后的发展。那么，应该如何解决孩子的行为外化问题呢?

1. 给予情感陪伴，提供心理支持

和谐的家庭和亲子关系是孩子成长发展过程中的基础和关键，家长要适时地给予孩子情感陪伴，提供心理支持，不能因为忙于工作或照顾二宝等原因，忽视和错失了陪伴大宝成长的机会，让孩子变得越来越空虚和不满。孩子在得不到心灵满足和情感安定的情况下，会寻求其他形式释放和满足，种种怨愤和不满的情绪就有可能演变成孩子的攻击行为。

2. 纾解消极情绪，释放心理压力

大宝在二宝出生后，会有一个适应过程，在这个适应过程中大宝会产生许多困惑和烦恼，这些困惑和烦恼会给孩子还未成熟的心灵带来巨大的心理压力。长期的压力和郁结的情感会堆积成过多的心理垃圾，如果没有合理宣泄的渠道，这些心理垃圾就会以各种极端的形式表达出来，暴力和攻击就是其中一种典型表现。因此，家长要接纳大宝内心存在的愤怒、焦虑、不安等情绪，并引导孩子通过绘画、运动、亲近大自然、参与社交和倾诉等方式处理这些心理垃圾，让孩子的情绪逐渐平和安定。

3. 制定行为规则，强化道德意识

家长要与大宝一起制定行为规则，让孩子明白哪些行为是好的，哪些行为是不好的，哪些行为是可以做的，哪些行为是不能做的，并通过参与实践体验，让大宝切身体会遵守规则的好处与重要性。同时，家长要有意识地为大宝选择有教育意义的题材，比如，利用动画片、故事和身边的真实事件等对孩子进行教育，培养孩子的道德意识。

4. 控制激动情绪，学会冷静处理

当大宝发生攻击行为时，家长首先要控制好自己的情绪，先尝试深呼吸，让自己平静下来，通过打骂等方式解决大宝的打架问题，往往会给孩子提供攻击的原型。对一些比较容易冲动的大宝，家长可以实行短时间的冷处理，让大宝独自呆在房间里，或暂时剥夺其参加某项活动的权利等。家长故意忽略孩子的攻击行为，会让孩子有所体悟。

5. 学会语言表达，培养合适行为

不少孩子的攻击行为是因为不会表达或表达方式不当引起的。比如，有些孩子只会用抢、夺来表示自己想和二宝分享玩具，不能"得逞"就抓、咬；有些孩子用"踢一下""推一下"等小动作表示对同伴的喜爱或是表达自己兴奋的心情。因此，家长要引导大宝学会合理地表达自己的需要和情绪。比如，用"你和我一起玩吗？""我想借你的玩具玩，可以吗？"等礼貌的话语表达需要；用"拉拉手"或是"拥抱一下"等文明的动作来表达对二宝的友好。这样，可以有效避免许多攻击行为的发生。

6. 学会自主处理，避免强调谦让

两个孩子出现争执的时候，家长不要总对大宝说要让着二宝，这种说法会无形之中激起大宝的反抗意识，不但不能解决矛盾，反而会加深两个孩子之间的隔阂。因此，两个孩子之间出现小矛盾的时候，家长要学会视而不见，让孩子自己去处理。家长可以和孩子这样说："弟弟妹妹是你的玩伴，但是他还小需要你的照顾。"这种说法比一味要大宝谦让、懂礼貌有用得多。

芳芳爸爸，行为外化问题是孩子内心感受和情绪的外部表现，只要家长有足够的耐心和信心，多一点观察，多一点分析，多一份等待，多给孩子一个充分表达的机会，孩子就会淡然面对二宝出生带来的生活变化。我相信，通过你们的努力，孩子的行为外化问题一定会得到很好解决的。

最后，祝您全家身体健康，快乐幸福，事事如意！

此致

敬礼

殷老师

2015 年 6 月 11 日

嫉妒来自不平衡
——如何矫正大宝的嫉妒心理

真真爸爸：

　　您好！

　　来信已收悉。来信中您谈到你们夫妻生育了两个儿子，大宝真真今年6岁，正在幼儿园上大班，二宝田田，今年4岁。自从田田出生以后，真真的心理就发生了很大的变化。看到你们把大部分精力放在照顾田田身上，真真就对田田非常嫉妒，看到妈妈抱弟弟，真真就也要求妈妈抱；看到妈妈为弟弟洗澡，真真就也要求妈妈洗；有时真真还会故意在田田脸上戳一下或者故意将田田推倒。为此，您心里非常烦恼，跟真真道理也讲了，打也打了，骂也骂了，可是收效甚微。您来信询问，不知道应该怎样才能矫正真真的这种心理。

　　真真爸爸，孩子出现的问题实际上是嫉妒心理的表现。嫉妒心理的产生与虚荣心强、心胸狭隘和不确当比较等因素有关，是为了缓解自己的失落而带来的心理上的不平衡，是一种缺少安全感的表现，它具有对抗性、指向性、发泄性和伪装性等特点。意大利诗人但丁曾将嫉妒、骄傲和贪婪合称为"三大灾星"。自从二宝出生以后，大宝会不由自主地感到，原本可以独享的父母的爱被另一个生命给占据了，自己不再是家庭关注的中心，有一种被遗忘的顾虑，大宝就会把二宝看成自己的竞争对手，先是羡慕，后是嫉妒。如果此时家长疏忽了大宝的心理感受，大宝就容易把这些负面能量积累起来，成为消极情绪甚至攻击行为的来源。

　　真真爸爸，孩子的嫉妒心理不仅破坏弟弟妹妹的幸福，而且容易生发抱怨、憎恨、愤怒等复杂情感，自己也感受不到家庭的美好，体会不了人生的乐趣，可谓害人又害己，应该及时加以纠正。那么，应该如何矫正孩子的嫉妒心理呢？

1. 平等对待

每个孩子都想获得父母最多的爱，作为家长必须平等地对待每一个孩子，不能认为"大的一定要让小的"，只要二宝一哭，就认为是大宝欺负二宝，不分青红皂白就先骂大宝，让大宝感受不到自己在家庭中的价值，导致大宝的嫉妒心理越来越严重。

2. 正面强化

经常正面强化孩子的适宜行为，孩子今后出现这种行为的次数就会增加。因此，家长要经常与孩子沟通，鼓励大宝走出自我的小圈子，从照顾弟弟妹妹中发现自我价值。比如，家长可以对大宝这样说："哥哥知道让着弟弟了，真棒！""弟弟有你这样的哥哥，妈妈都替他感到高兴""你能这样跟弟弟分享，真不容易，妈妈为你骄傲"等等。这样的鼓励，一来可以强化大宝既有的好行为，唤起做哥哥姐姐的责任感；二来可以让大宝看到自己的闪光之处，积累内在的力量，孩子内心强大了，负面情绪自然就会减少。

3. 绘本教育

家长可以引导孩子阅读绘本，比如，《彼得的椅子》《跟屁虫》《男孩皮皮和女孩西西》《隧道》《第一次上街买东西》《我想有个弟弟》等等，通过阅读让孩子感受到家庭情谊，从故事中受到启发和感染。

4. 自我暗示

家长要教育孩子自我暗示："有弟弟妹妹真好，今后我就多了个伴""我可以做哥哥姐姐了，我要把弟弟妹妹照顾好"等等，来调节大宝的情绪。通过示弱转化法、人际沟通法、正确认识法、想开些法和自我调节法等方法，矫正大宝的嫉妒心理。

5. 宣泄情绪

当发现大宝有负面情绪时，家长要鼓励孩子把想法和感受说出来。在孩子倾诉的过程中，家长不要急着否定或纠正孩子，更不要指责孩子。在倾诉的基础上，引导孩子通过运动、涂鸦、唱歌、游戏等方式发泄心中的不满。孩子的负面情绪发泄完了，心情就能够恢复平静。

真真爸爸，嫉妒是孩子成长过程中一个不容回避的问题，它并不可怕，也用不着惊慌失措。只有正确认识嫉妒，保持公平的心态，大宝才能在一定程度上打消家庭新成员带来的威胁，顺利度过焦虑期，两个孩子才会和谐相处。我相信，随着你们的努力，大宝的嫉妒心理一定会得到很好的纠正的。

最后，祝您全家身体健康，快乐幸福，事事如意！

此致

敬礼

殷老师

2015 年 9 月 7 日

6

怨恨源于不安全

——如何矫正大宝的怨恨心理

蔓蔓爸爸：

您好！

来信已收悉。您在来信中谈到你们夫妻生育了两个孩子，大宝蔓蔓是个女孩，今年 10 岁，正在上小学三年级，二宝聪聪是个男孩，今年 3 岁。聪聪出生以后，一家人都非常宠爱他，有什么好吃的先让聪聪吃，有什么好玩的先让聪聪玩，买东西也总是先给聪聪买，蔓蔓看在眼里，天长日久竟产生了怨恨情绪。前几天，爷爷奶奶给聪聪买了一架玩具直升机，聪聪拿到后爱不释手，整天玩个不停，谁知两天时间不到，聪聪就发现自己的直升机不见了。你们遍寻不着，后来还是爷爷在垃圾桶内发现了聪聪的直升机，但直升机已经一折为二，再也无法飞了。前几天，蔓蔓的语文老师打电话和您交流蔓蔓的语文成绩，临结束时问到蔓蔓爷爷奶奶的病情，还说蔓蔓在作文中写到最近蔓蔓奶奶患上了癌症，爷爷脑溢血，全家整天沉浸在悲伤之中。您感到非常恼火，蔓蔓的爷爷奶奶身体一直很健康，想不到蔓蔓怨恨情绪这么重。来信询问，不知道该如何消除蔓蔓这种怨恨情绪。

蔓蔓爸爸，怨恨情绪是对怨恨对象的一种愤怒和恼火的情绪，是潜藏心中隐忍未发的怒意。自身利益受损、承受巨大压力和遭受困难挫折等都有可能产生怨恨情绪。二宝出生以后，大宝感觉到自己受到冷落，对家长宠爱二宝，先是羡慕后产生嫉妒，再发展到怨恨，从而把心中的不平之气指向他人。

蔓蔓爸爸，怨恨情绪不仅会使孩子心理处在极度阴暗状态，心情抑郁，严重伤害自己的身体健康，而且会使孩子心胸狭窄，很难与家人正常相处，导致人际关系紧张，影响家庭和谐。那么，应该如何消除孩子的怨恨情绪呢？

1. 把握均衡原则

二宝出生以后，家长在物质、精神和陪伴上面对两个孩子都要坚持均衡，不明显偏向哪一方，不能因为二宝需要照顾就冷落大宝，不能因为二宝年龄小就过分宠爱，不能因为二宝不懂事就偏袒二宝，否则大宝心里就会不平衡，天长日久就容易滋生怨恨情绪。

2. 创造倾诉机会

孩子的怨恨情绪是一种由不平和不满郁结而成的委屈，要消除这种委屈，比较有效的方法就是让孩子无拘无束地倾诉，尽情释放心中的不平和不满之气，让怨恨情绪得以及时稀释或消除。

3. 坚持阅读疗法

阅读疗法可以帮助孩子形成正确的自我概念，释放心理压力。推荐孩子阅读一些名著，如《背影》《一件小事》等，让孩子通过阅读引起共鸣、净化、平衡、暗示或领悟等心理活动，改变对自然、他人和环境的看法，可以逐步化解孩子的怨恨情绪。

4. 远离暴力游戏

暴力游戏里打打杀杀的场景会让孩子产生这样一个错误认识：不是爱就是恨，有恨就要打斗杀戮，一个生命的倒下不过是点击一下鼠标。如果孩子沉溺在这些暴力游戏中，孩子对现实中的生命也会形成怨恨情绪。远离暴力游戏，拥抱健康文明的生活方式，孩子内心才会生发爱的力量。

5. 转换心理活动

怨恨是一种不快、不满和不平的心理。孩子染上怨恨情绪意味着孩子沉浸在对他人的仇恨、恼恨、怒气之中。换言之，孩子的心理活动始终被这种负性情绪"绑架"着，其心境也就难以走出不愉快的境地。让孩子转换心理活动的方向，是消解这种不愉快心境的较好方法。转换心理活动方向实质就是让自己的心理趋向那种具有积极意义的活动，比如，参与文娱活动、参与体育锻炼等，孩子在这种活动中可以获得愉快的心情，达到稀释怨恨的目的。

6. 涂鸦方式矫治

让孩子通过合适方式宣泄不良情绪，会帮助孩子排解压抑，促进心理健康，其中涂鸦就是一种很好的宣泄方式。家长可以提供孩子一些涂鸦的材料，比如纸张、书本、墙壁和地面等，引导孩子在上面乱写乱画，让孩子在涂鸦的同时，宣泄心中的怨恨。

蔓蔓爸爸，胸襟狭窄是滋生怨恨的重要心理根源，利益冲突是怨恨产生的催化剂，宽恕、克己和爱是矫正大宝怨恨情绪的三件法宝。作为家长，只有接纳大宝的感受，倾听大宝的声音，发展大宝的人格，提高大宝的修养，催化大宝情感的成长，才能让大宝敞开胸怀迎接二宝的到来。我相信，通过你们的努力，一定会化解大宝的怨恨情绪的。

最后，祝您全家身体健康，快乐幸福，事事如意！

此致

敬礼

殷老师

2015 年 9 月 29 日

7

善于分享伙伴多
——如何矫正二宝的独占心理

美美爸爸：

您好！

来信已收悉。您在来信中谈到你们夫妻生育了两个女儿，大宝甜甜今年8岁，正在上小学二年级，二宝美美才4岁，还没上幼儿园。美美的独占心理特别强，经常霸占玩具和食物。上周六下午，美美姑姑回娘家，带回来一些饼干、牛奶和果汁。看到桌子上姑姑买的东西，美美就吃了起来，甜甜也想要吃姑姑买的食物，谁知美美竟拎起装有零食的塑料袋，走进自己的房间里，"砰"的一声关上房门，只顾自己一个人在房里享用。昨天，家里买了一辆玩具车，美美只准让甜甜看玩具车，不准甜甜玩，甜甜摸了一下，美美就赶快把玩具车藏到了身后。看到美美的这种情况，您感到又好气又好笑，不知道该怎样培养孩子的分享意识。

美美爸爸，分享是一种亲社会行为，是孩子自愿与他人共享资源，并从中获得愉悦和满足的行为。孩子缺少分享意识与孩子心理发展水平有限、分享意识被成人误导和分享锻炼机会少等因素有关。幼儿前期，孩子还很难从他人的角度考虑问题，往往以自我为中心，只顾自己不顾别人，独自拥有家里所有的食物、玩具和空间，所以"护食"和"护玩具"是很正常的现象。

美美爸爸，分享行为不仅可以帮助孩子赢得伙伴，获得人际合作交流的技能，而且可以帮助孩子学会与人和睦相处，共同享受自然界和人类社

20

会的各种资源，促进孩子的社会化进程。那么，应该如何培养孩子的分享意识呢？

1. 榜样作用

心理学的研究表明，孩子的分享行为是后天习得的，通过树立榜样可以增加孩子分享行为的发生率。家长和大宝的日常行为、言谈举止和情感态度随时都会对二宝分享行为的发展产生潜移默化的影响。所以，家长和大宝要善于抓住一切有利时机为孩子做好行为示范。比如，在分发物品或食品时，家长要有意识地以分享的形式来进行，便于二宝模仿；家里来客人的时候，家长可以带着二宝给客人准备点心和水果；和别的家庭外出游玩的时候，家长要与别的家庭成员分享食物和用品……大宝可以尝试和二宝分享自己的冰激凌，让二宝戴自己的围巾、发卡、帽子……这样，二宝就会潜移默化地受到教育，进而模仿家人的分享行为。

2. 游戏活动

与孩子多做一些分享的游戏，孩子就会体验到分享的快乐，就乐意去分享。比如，大宝和二宝一起用积木搭大楼，当美丽的大楼完成时，二宝的分享意识也得到了培养。

3. 正面强化

心理学家斯金纳认为，强化在塑造孩子行为方面起着关键的作用。当孩子的分享行为受到家长的表扬和鼓励后，孩子以后出现分享行为的频率就会增加。因此，家长要不失时机地对孩子表现出的分享行为进行鼓励，促进孩子的分享行为不断进步和发展。

4. 学习技能

知道怎样与人分享，对于提高孩子的实际分享行为是很有帮助的。有的孩子虽然具有分享的意愿，但是由于不知道怎样做，也就没有表现出实际的分享行为。家长在培养孩子分享行为时，要注意让孩子了解和掌握一些分享的技能。比如，当两个孩子为了玩具闹得不可开交的时候，家长可以先让他们安静下来，然后对他们说："你们俩都想玩同一个玩具，那应

该怎样做，才能大家都玩到玩具呢？"把问题抛出来，引导孩子自己想办法解决问题。这样，孩子的实际分享行为和分享技能才会相应地得到增加和提高。

5. 实践锻炼

家长可以利用一些节假日或是家庭的聚会让孩子在分享中收获快乐。比如，大宝过生日时，家长和二宝一起给大宝送上生日蛋糕，让二宝从大宝的感谢中收获分享的快乐。家长还可以建议孩子节省零花钱，给贫困山区儿童捐助衣物，让孩子体会到帮助他人的快乐。

美美爸爸，幼儿的心理发展水平有一个从不成熟到逐渐成熟的过程，其间会出现与孩子自然发展特点相关、分享意识还不完全到位的各种"伪分享"或"浅分享"，家长要根据孩子的实际表现水平，逐步提高和锻炼孩子的分享水平。只有通过适当的方法引导孩子，让孩子在主观上产生分享的内在动机与愿望，在客观上建立合理的分享规则，孩子的分享行为才会更稳定自觉和规范有序，才能让孩子最终自觉地产生分享行为。我相信，经过你们的努力，孩子的分享行为一定会尽快养成的。

最后，祝您全家身体健康，快乐幸福，事事如意！

此致

敬礼

殷老师

2015 年 10 月 15 日

8

过分依恋阻成长

——如何矫正二宝的依恋心理

柔柔爸爸：

您好！

来信已收悉。您在来信中谈到你们夫妻生育了两个女儿，大宝莎莎今年已经 12 岁，正在上小学五年级，二宝柔柔今年 6 岁，正在幼儿园上大班。柔柔 4 岁时开始和姐姐莎莎睡在一张床上，正当你们担心她们会出现什么矛盾和冲突时，姐妹俩竟相处得非常和谐，为此你们感到非常欣慰。可是，最近你们却发现柔柔对姐姐的依赖心理越来越严重，每天早上需要莎莎为她穿衣穿鞋、洗手洗脸，每天晚上需要莎莎陪她玩玩具、看图书和看电视，上床睡觉时，柔柔还要莎莎讲故事、脱衣裤等。莎莎不陪她，柔柔就泪流满面，弄得莎莎自己的作业都做不好。前天晚上，莎莎在卫生间洗澡，柔柔竟也要和莎莎一起洗，看到狭小的浴盆，你们就把柔柔拉到了一边，谁知柔柔竟大哭大闹。面对柔柔的这种情况，您心里有点无奈，不知道该如何纠正孩子的这种过分依恋姐姐的现象。

柔柔爸爸，依恋是孩子与特定个体之间形成的正性情绪联结，适度的依恋对孩子各方面的发展都有积极的促进作用，孩子会获得积极的自我认定，带来愉快的体验，促进孩子积极情绪的建立。过度的依恋会人为地造成孩子婴儿化心理期的延长，干扰孩子独立性的形成，不利于孩子成长。

柔柔爸爸，二宝过分依恋大宝不仅不利于二宝的社会性发展，长此以往二宝容易情感脆弱，而且不利于二宝的独立性和创新能力的培养。那么，应该如何解决二宝过分依恋大宝的问题呢？

1. 发挥榜样力量

有两个孩子的家庭，两个孩子之间会相互影响。家长要注意发挥大宝的榜样作用，让二宝学习大宝正确的行为方式，促进两个孩子的共同进步。比如，当二宝学习大宝刷牙时，家长要告诉大宝，要给弟弟妹妹示范正确的刷牙方式，这样，不仅能让二宝观察了正确的行为示范，大宝也能产生成就感和责任感，而且还促进了两个孩子之间的关系发展，可谓一举多得。

2. 开辟独立空间

家长要及时将大宝和二宝分离，给二宝开辟一个相对独立的居住空间和游戏空间，在排除不安全因素后，让二宝尝试独立起居和睡眠，让二宝在自己的领地内自由地玩耍，学会自己寻找乐趣，同时也尝试自己解决问题。

3. 扩大交际范围

心理学家班杜拉认为，孩子大部分社会行为都是通过观察和模仿他人而学会的。家长利用节假日和双休日，多带二宝到户外活动，特别是儿童聚集较多的公园、游乐场等地，让孩子观察小伙伴们的活动情况，鼓励二宝尝试和小朋友交往，让二宝在和其他儿童的接触与交流过程中，体会到与平时不同的快乐感受。

4. 尊重孩子意见

尊重是指把孩子当成一个独立的生命来看待，对于孩子的思想、看法、情绪和情感，家长可以帮助孩子探索，引导孩子辨别，但不能进行贬低和指责。比如，节假日带什么礼物去看望外公外婆，家长不仅要听大宝的建议，也要听取二宝的建议，不管二宝说得如何，家长都要予以肯定，让二宝感受到在家里受到充分尊重，这种尊重可以演化成二宝内心坚强的精神力量，使二宝受用终身。

5. 支持孩子选择

二宝是一个独立的个体，一言一行都有自己独特的思维方式，这种思维方式与家长和大宝的并不完全相同，甚至截然相反。家长和大宝要支持二宝的自主选择，二宝买什么绘本、玩什么游戏、做什么活动，家长和大宝只给予建议，不强行替代。尊重二宝的选择并且让二宝经历这个选择所带来的后果，这样的实践经验要远远好于家长和大宝的言语告诫。

柔柔爸爸，孩子的依恋行为是孩子心理需求的表现，是孩子为了获得满足感和安全感的表现。随着孩子年龄的增长，家长就要引导和帮助孩子从依恋走向独立，促进孩子的社会化进程，这样对孩子健康成长具有十分重要的意义。我相信，通过你们的努力，一定会很好地解决二宝过分依恋大宝的问题的。

最后，祝您全家身体健康，快乐幸福，事事如意！

此致

敬礼

殷老师

2015 年 11 月 30 日

9

手足之争巧化解
——如何化解手足之间的冲突

娇娇妈妈：

您好！

来信已收悉。您在来信中谈到您生育了两个女儿，大宝月月今年5岁，正在幼儿园上中班，二宝娇娇今年4岁，正在幼儿园上小班。两个孩子最近冲突不断，争吵打架的事情时有发生。上周日上午，月月正在搭着积木，娇娇在玩玩具小汽车，由于没有掌握好玩具小汽车的方向，娇娇的小汽车开过去撞倒了月月正在搭的"城堡"。看着自己忙活了半天的劳动成果被破坏，月月十分生气，拿着一块积木就扔向娇娇："你是有意的，你赔我的城堡！"娇娇觉得非常委屈，明明是不小心撞倒，月月非说她是故意的，两人就争吵起来。昨天傍晚，月月和娇娇在小桌子上吃晚饭时，娇娇看到自己喜欢的鸡腿，就把装鸡腿的盘子端到自己面前，当月月用筷子在她面前夹鸡腿时，娇娇竟推开了月月的筷子，月月看到娇娇独占鸡腿，就去抢装鸡腿的盘子，一来二往，两个人竟打了起来。看到两个孩子吵架不断，您心里非常难受，不知道该怎样处理两个孩子之间的冲突。

娇娇妈妈，心理学研究认为，幼儿时期孩子的思维发展水平还处于"自我中心"阶段，这时孩子通常不能站在别人的角度来考虑问题，也不能认同和接纳别人的意见。这样，孩子在相互交往过程中难免会出现误解和矛盾，由于孩子语言表达能力有限，又缺乏正确沟通的经验，出现的误解和矛盾往往会发展成争吵和打斗。中国著名儿童教育家陈鹤琴先生曾经说过："吵吵闹闹是上帝赐予孩子的礼物，孩子们在吵闹中长身体，长智力……"冲突的过程也是孩子学习的过程，对孩子融入社会生活有着独特的价值。

娇娇妈妈，冲突是每个孩子都必然经历的阶段，也是他们成长的方式。通过冲突，孩子会学到谦让、协商、互助、合作，增长社会经验和规则意识，提高社会交往能力，增强心理承受能力。作为家长，对于孩子间的冲突不必大惊小怪，也用不着代替孩子解决问题。家长过度介入，反而会剥夺孩子成长的机会，影响孩子健康成长。那么，家长应该如何处理孩子之间的冲突呢？

1. 接受不同感受

在孩子间的冲突中，常常没有绝对的对与错。从不同的角度来说，每个孩子的感受和看法都有道理。因此，家长要尊重每个孩子表达自己感受和看法的权利，协调两个孩子看问题和解决问题的角度，而不是去做仲裁。

2. 倾听对方看法

解决冲突时，让孩子重复冲突发生的过程，说清楚自己的观点和感受，同时倾听对方的感受和看法，孩子就会走出自我中心，体谅对方的心情。

3. 协商解决方案

家长要引导每个孩子对如何解决冲突发表自己的建议，并把一方提出的建议告诉另一方，让另一方发表对这个提议的看法，最终形成一致的解决方案。当两个孩子都想不出有效的解决办法时，家长可以给他们提供一些线索和提示。

4. 修复友谊关系

当孩子认识到自己的错误之后，家长可以要求孩子进行补偿，做一些让对方感觉好一点儿的事情，减轻孩子的内疚，保持兄弟姐妹之间的良好印象，维持良好的状态。

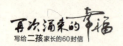
5. 建立交往规则

家长必须给孩子确立今后相处的有关规则，清楚交往的边界，引导孩子正确表达各自的需求和情感。建立规则时，家长要让孩子明白，两个孩子之间是公平的，都有规则方面的要求，只不过由于年龄不同，制定和执行规则时要具体情况具体分析。

娇娇妈妈，家长给孩子提供自己解决问题的机会，不仅有利于孩子形成正确的价值观，而且有利于提高孩子的口语表达能力，帮助孩子建立道德准则。这样，孩子才能学会手足之间的相处之道。我相信，经过你们的努力，一定会很好地解决孩子之间的冲突的。

最后，祝您全家身体健康，快乐幸福，事事如意！

此致

敬礼

殷老师

2016 年 1 月 15 日

溺爱孩子坏处多
——如何防止溺爱孩子

康康爸爸:

您好!

来信已收悉。您在来信中谈到您经营着一家小超市,妻子是家庭妇女,十年前您爱人生下了女儿莲莲,莲莲正在上小学三年级,感谢国家计划生育政策调整,三年前您爱人又生下了儿子康康。由于您平时工作非常忙,儿子康康一直由您爱人带大,您爱人非常宠爱儿子,康康的家庭地位高人一等,处处特殊照顾,好的食品必须他先享用,想要什么玩具都必须买,什么事情都必须让着他,几乎过着"饭来张口,衣来伸手"的生活。有时您管教康康,您爱人总要护着:"不要太严了,他还小呢,大了自然会好。"上周六下午,您带康康去洗澡,路过一家玩具店时,康康看到玩具狗熊,吵着要买,您当时没带够钱,就对康康说:"我身上钱不够,我们下次再来买。"结果康康竟大声哭闹起来,躺到地上不起来,您没有办法,只好打电话叫您爱人把钱送来。看到儿子这种情形,您心里真不是滋味,不知道该如何纠正孩子的这种坏脾气。

康康爸爸,孩子的这种表现与溺爱孩子有关。"溺",在词典上解释为"淹没"的意思,也指沉迷于某种事情之中。爱是对人或事有真挚的感情,而溺爱是无节制的爱,是过分娇纵。溺爱有两个主要特征:一是过分满足,不考虑孩子的要求合不合理,无原则地予以满足;二是过度保护,不愿意让孩子面对困难,遇到问题包办代替。如果家长的"爱"流横溢,泛滥起来,

就会"淹没"孩子的。

康康爸爸，溺爱一方面容易造成孩子的依赖心理，以自我为中心，自私自利；另一方面孩子长大以后容易产生自卑感，最终导致怨恨家长。那么，应该如何防止溺爱孩子呢？

1. 不特殊待遇

如果什么时候都给孩子特殊照顾，有什么好东西都给孩子留着，就会让孩子感觉自己在家里地位高人一等，这样孩子就会自感特殊，习惯高高在上，必然变得自私，没有同情心，不关心他人。

2. 不过分注意

不少家长习惯以孩子为中心，家里都围绕着孩子转，当亲戚好友来访，也常常围着孩子玩。这样，对孩子过分注意，往往会使孩子产生骄傲情绪。

3. 不轻易满足

容易被满足的孩子往往会养成不珍惜物品、讲究物质生活、浪费金钱和不体贴他人的不良品质，并且没有忍耐和吃苦精神。因此，家长对孩子的要求要慎重考虑，不能孩子要什么就给什么，孩子不合理的要求要硬起心肠拒绝，合理的要求也要适度延迟满足。

4. 不包办代替

家长要让孩子学会自己的事情自己做，比如，自己吃饭、洗手、睡觉和穿衣等等，让孩子懂得承担家庭责任，这样才能提高孩子的学习能力与动手能力，养成独立的好习惯。

5. 不剥夺独立

有些家长不让孩子走出家门，不许孩子和别的小朋友玩，孩子就是家长的"小尾巴"，时刻不能离开家长一步，搂抱着睡，偎依着坐，驮在背上走，捧在手里怕摔了，含在嘴里怕化了。这样的孩子容易变得胆小无能，丧失自信，在家里横行霸道，到外面胆小如鼠，造成严重的性格缺陷。

6. 不当面袒护

二宝和大宝或与别的小朋友有了争执，如果家长袒护偏向二宝，或者二宝受惩罚时，家长中有人替二宝说好话，时间长了，二宝就把家里管教较松的那个人当作自己的"保护伞"，混淆是非观念，分不清美丑和好坏，影响家庭和睦。

康康爸爸，溺爱是一种毁灭性的教育方式，是一种懒惰的、不负责任的爱，它会压制孩子的成长，导致"蛋壳心理"。因此，家长要注意对孩子的教育方法，正确关爱孩子，让孩子顺利成长。我相信，通过你们的努力，一定能很好解决溺爱孩子的问题的。

最后，祝您全家身体健康，快乐幸福，事事如意！

此致

敬礼

殷老师

2016 年 5 月 21 日

过分管制害孩子
——如何做到宽严兼而有度

威威爸爸：

您好！

来信已收悉。您在来信中谈到你们夫妻生育了两个儿子，大宝炎炎今年 14 岁，已经上初一年级了，二宝威威今年 5 岁，正在幼儿园上中班。炎炎从小由爷爷奶奶带大，爷爷奶奶对炎炎非常溺爱，喜欢包办代替，炎炎从小就过着"衣来伸手，饭来张口"的生活。炎炎上学以后，不仅学习能力很差，而且以自我为中心，非常骄横散漫，经常惹是生非，家庭作业也不肯做，还旷课逃学，打架斗殴，为此你们夫妻俩伤透了脑筋。二宝威威出生以后，你们决定吸取养育炎炎的教训，从小就把威威带在身边，决心对威威严格管教，为此你们制定了许多家庭规矩。威威喜欢吃薯片，你们看到报纸上宣传薯片是"垃圾食品"，就严格控制威威每次吃的数量；威威喜欢和小区内的伙伴玩耍，你们也规定每天玩耍时间不超过 1 小时，1 小时后孩子必须回家跟着收录机背古诗；威威喜欢看动画片，你们规定每天只能看半小时，半小时以后就要开始练字……你们原以为制定了这么多规矩以后，威威会懂事听话，可是最近你们发现威威吃完规定数量的薯片后，有时还要趁你们不注意，偷偷打开包装盒继续拿薯片吃；有时孩子背古诗时收录机在响，孩子却在一旁玩积木；孩子练字时，有时心不在焉地在纸上乱涂乱画。面对孩子这种样子，您心里又气又恨，不知道该如何教育孩子。

威威爸爸，对孩子管制太多、干涉太多是家长不尊重孩子的主要表现，孩子的许多正常生长秩序会被打乱。一些家长发现溺爱和包办代替教育不好孩子，容易导致孩子惹上许多恶习，教育方式就从一个极端走向另一个极端，缺少足够的理智和耐心，总希望对孩子的每一个人生关键点进行控制。

威威爸爸，孩子长期在家长的严格管制下成长，会缺乏同龄人应有的活力和快乐，不仅对孩子的身心发育很不利，而且还影响家长和孩子之间的感情，会导致孩子习惯在家长的指导和约束下做事，一旦家长不在，孩子就马上松懈了，不利于孩子今后的学习和生活发展。那么，应该如何科学教育孩子呢？

1. 尊重信任不专制

家长要尊重孩子的人格和需要，对孩子的社会行为进行正确引导，运用积极的引导方式，促进孩子社会性的发展，不把孩子视为自己的附属品，不要过于专制，不能过多规矩，不能过度限制，多让孩子参与一些家庭的决策。当家长用尊重的态度对待孩子时，孩子就会感受到自己的价值和家人的关爱，也就乐于与家长合作，乐于接受家长的意见。

2. 耐心倾听巧提醒

家长要放下身段，倾听孩子的声音，理解孩子表达的内容、语气、语速和语调，观察孩子表达时的动作和表情，换位思考孩子的体验和感受，适时给予鼓励，巧妙地给予提醒。这样，孩子才能深刻领悟家长的良苦用心。

3. 多提建议少命令

家长不应对孩子的言行横加干涉，而应以商量的口吻提出建议。比如，"我认为你这样做比较好""我认为你还可以做得好一点""我能给你提个建议吗？"等等，这样孩子就会自觉地按家长的要求去做。颐指气使地命令孩子"必须这样""不可以那样"，强迫孩子不知就里便按成人的指令做，容易使孩子产生强烈的抵触情绪。

4. 允许孩子犯错误

对于孩子的成长来说，错误和成功一样不可避免，一样有意义，错误也是一种美丽，也是一种成功。孩子犯错误的过程，就是孩子不断尝试、不断创新、不断成长的过程。如果害怕犯错，什么都不让孩子尝试，那才是最大的失败。孩子有了错，家长一定要平静对待，可以将自己的担心或情绪解释给孩子听，给予孩子改正错误的机会，切勿大惊小怪、横加指责，更不能因害怕孩子犯错，而不给孩子实践的机会。

5. 宽和严兼而有度

理想的家教应该是宽有方，严有度，既不溺爱和包办代替，也不苛求和过度管制。多对孩子说一些鼓励的话，多与孩子分享快乐时光，多给孩子发展的空间，相信孩子是最好的，才能有力地促进孩子健康成长。

威威爸爸，孩子幼小的身体里深藏着无限蓬勃的活力，在生命的成长中有一种自我塑造、自我成形的表达潜力，就如一颗种子里藏着根茎、叶片、花朵，在合适的条件下自然会长出来一样。鲁迅先生曾经在《我们怎样做父亲》一文中指出，教育孩子首先要理解，"倘不先行理解，一味蛮做，便大碍于孩子的发达"。其次要指导，绝不能用前人的"同一模型，无理嵌定，长者必须是指导者、协商者，却不该是命令者"。再次是解放，交给孩子自主的能力，使孩子"成为一个独立的人"。鲁迅先生提出的理解、指导、解放就是要为孩子创造宽松而温馨的家庭环境，给予孩子合理的期望，给孩子一个对自己负责的成长经历，让孩子在一种和善而坚定的气氛中快乐地成长。我相信，通过你们的努力，孩子一定会健康成长的。

最后，祝您全家身体健康，快乐幸福，事事如意！

此致

敬礼

殷老师

2016 年 6 月 2 日

真诚交流化冲突
——如何化解亲子之间的冲突

文文妈妈：

　　您好！

　　来信已收悉。您在来信中谈到您生育了两个女儿，大宝溪溪今年13岁，正在小学上六年级，二宝文文今年4岁，正在幼儿园上小班。两个孩子小时候都乖巧听话，叫做什么就做什么，但最近却时常与您发生亲子冲突。昨天晚上，溪溪接到同学电话，要到同学家去做作业，您一看外面天色一片漆黑，担心溪溪的安全，不允许溪溪外出，谁知溪溪拿起书包就要出门，您连忙去拉溪溪衣服，溪溪竟强行挣脱您的手，摔门而走。看到溪溪出门，文文也吵着哭着要到楼下去，您没有办法，就把文文抱进了卧室里，谁知文文竟大发脾气，边哭边摔东西，无奈之下，您只好狠狠心揍了文文一顿。看到两个孩子最近的这些表现，您心里感到非常烦恼，不知道该如何化解亲子冲突。

　　文文妈妈，亲子冲突是指在亲子交往过程中，亲代与子代之间的紧张、不和谐、敌视甚至斗争的关系。青春期和幼儿期是孩子典型的逆反期，孩子心理和生理机能迅速发育，自我意识不断加强，渴望摆脱家长的束缚，按照自己的想法独立行事，开始出现反抗家长的思想和行为。由于有些家长不注意孩子的这种变化，亲子之间就会因认知差异、意见不合或感情不睦而引起公开的行为对抗或对立，引发亲子冲突，对亲子关系造成伤害。

　　文文妈妈，亲子冲突有其积极的一面，适度、低水平的冲突不仅能体

现亲子之间的磨合，而且可以折射出孩子的真实想法、内心需要以及身心发展水平。妥善处理亲子冲突不仅能够促进孩子社会化，而且能够加深家长对孩子的了解和尊重，有助于家长在实践中摸索最适合的亲子交往方式，刺激家长和孩子去重新构想或更改他们对彼此行为的期望。亲子冲突也存在负面影响，特别是极端激烈的亲子冲突往往会给孩子身心发展和亲子关系造成极大的伤害，无论家长还是孩子都会很痛苦，造成父母情绪低落，工作效率低下，导致孩子对抗、沉默或退缩，容易使孩子产生心理障碍。那么，应该如何化解亲子冲突呢？

1. 接纳孩子情绪

孩子的情绪被家长接纳后，孩子就容易平静下来，就容易使冲突得到解决。家长要把握冲突过程中孩子的心理状态，选择有效的冲突处理策略，引导孩子学会用合适的方式表达自己的想法和感受，解决亲子冲突。

2. 双向沟通交流

沟通是心理相融的基础，单向沟通只有一方向另一方传递信息，容易出现矛盾和隔阂，双向沟通既可以接受信息也可以反馈信息，容易达成一致。根据这个原理，家长就要营造平等、自由、民主的沟通气氛，认真倾听孩子的想法，尊重彼此的分歧，相互交换意见，妥善解决冲突。

3. 实施冷处理法

孩子情绪激动时，家长不要跟孩子斗气较劲，不要以家长的"威严"压制孩子，强制孩子屈服。这时家长可以通过离开现场的方法，让孩子平静下来，避免冲突的发生。

4. 正面强化激励

短短的几分钟，暖暖的几句话，轻轻的几次抚摸，孩子的心结就能解开，就能让孩子从叛逆中走出来，孩子会变得心情愉悦，更容易接受家长的意见。

5. 防止落入陷阱

亲子关系中"三条高压线"是家长应该特别注意的。这"三条高压线"

分别是忽略孩子的存在、破坏性地批评和强迫。"三条高压线"会极大地损害孩子的自尊心、自信心和独立意识，破坏亲子关系。比如，家长一味地数落、训斥孩子，指责甚至打骂孩子，陷入"有条件的爱"的陷阱中，不仅影响自己的情绪，而且容易让孩子陷入自卑的泥潭。

6. 组织家庭活动

家长可以设计各种温馨的家庭活动，利用亲情来感化孩子，慢慢地消除孩子的对立情绪。比如，陪孩子看看足球赛、欣赏演唱会、一起野炊烧烤等，让孩子在活动中展现自我价值，慢慢解开心中的疙瘩。

文文妈妈，对于亲子冲突，家长一定要转变家庭教育观念，提高家庭教育素养，采用科学的教育方法，以情动人，以理服人，用耐心和爱心去帮助孩子。只有这样，孩子才能够顺利度过对抗期，才会收到意想不到的教育效果。我相信，通过你们的努力，一定会很好地化解亲子冲突的。

最后，祝您全家身体健康，快乐幸福，事事如意！

此致

敬礼

殷老师

2016 年 6 月 23 日

控制情绪利沟通
——如何做好控制情绪的榜样

飞飞妈妈：

　　您好！

　　来信已收悉。您在来信中谈到您生育了两个儿子，大宝祥祥今年已经10岁，正在上小学三年级，二宝飞飞今年4岁，将要上幼儿园。您平时性格比较急躁，控制情绪能力较弱，两个儿子也同样控制不好情绪，经常为小事吵架。昨天晚上，您带两个孩子出席表妹的生日晚会，宴会厅里张灯结彩、热闹非凡。您和亲戚们聊得甚欢，两个孩子和小伙伴们到处玩耍嬉戏。过了一会儿，祥祥来找您，说飞飞不小心撞倒了桌上的两个酒杯，并拉着您前去查看。走到桌边，您只见地上散落着许多玻璃碎片，地毯被红酒染红了一大片，飞飞的新衣服和新跑鞋上都沾上了大片红酒渍。看到眼前的情景，您的怒火一下就被点燃了，就揪着飞飞的耳朵，大声训斥飞飞，训斥完飞飞，您又开始骂祥祥没有带好弟弟，谁知祥祥竟当场大发雷霆，和您顶起嘴来，并噘着嘴跑回了家。想到昨天晚上自己的表现，您心里感到非常内疚，来信询问，应该如何做好控制情绪的榜样。

　　飞飞妈妈，家庭是孩子的第一课堂，家长是孩子的第一任教师。家长的一言一行、一举一动，都对孩子有着潜移默化的影响。孩子在家长的不良情绪面前，很容易产生内心冲突。一方面，孩子不得不依赖家长的照顾，以满足某些需求；另一方面，孩子又非常反感家长的这些不良情绪。内心的矛盾导致他们心情烦躁、郁郁寡欢、精神分散，严重的可出现紧张、焦虑或强迫症，甚至出现一些查不出生理改变的躯体不适症状，比如，头痛、头晕、胸痛、憋气等。长此以往，孩子会将这种困扰压迫到无意识中，有意无意地采取一些阻抗行为，比如，强迫动作、说谎、逃学、打架等，经常与惹麻烦的儿童在一起，甚至可能发展为反社会人格。

飞飞妈妈，家长是稳定孩子情绪的最主要力量，要让孩子拥有健康愉悦的情绪，家长就要做好控制情绪的榜样。那么，家长应该如何做好控制情绪的榜样呢？

1. 自我暗示法

语言是影响情绪的强有力工具。经常阅读滑稽、幽默的诗句，可以消除悲伤；经常背诵"制怒""冷静"等，可以自我提醒、自我暗示；告诉自己"停！停！"，然后深呼吸，愤怒的"火山"就会熄灭；喝杯水、洗把脸，告诉自己"等会儿"，就能找到解决孩子问题的方式。

2. 心情放松法

心情不佳时，通过自上而下全身放松、自我催眠、自我按摩或者面带微笑想象曾经经历过的愉快情境，可以使自己进入放松状态，保持心情开朗。

3. 改变认知法

心理学家艾利斯的 ABC 理论指出，人的心情 C 并不是由事件 A 决定的，而是由对这个事件的看法 B 决定的。因此，仔细分析产生不良情绪的原因，弄清楚究竟为什么会苦恼、忧愁或愤怒，换个角度看问题，不良情绪就会得到消解。

4. 转移注意法

心情郁闷时，主动去帮助别人，或者找知心朋友谈心，或是找有益的书来阅读等等，适时转移注意力，心情就会豁然开朗，就不会处于精神空虚、心理空旷的状态。

5. 能量宣泄法

适时疏泄消极情绪，身心才能健康。所以，该哭时就大哭一场；心烦

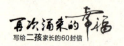

时找找知心朋友倾诉；不满时发发牢骚；愤怒时适当地出出气；情绪低落时唱唱欢快的歌。不良情绪的能量释放出来后，心情才会平静下来，机体才能达到平衡。

6. 环境调节法

环境对人的情绪、情感同样起着重要的制约作用。素雅整洁的房间，光线明亮、颜色柔和的环境，容易使人产生恬静、舒畅的情绪。相反，阴暗、狭窄、肮脏的环境，容易给人带来憋气和不快的情绪。因此，改变环境也能起到调节情绪的作用。情绪压抑的时候，到外边走一走；心情不快时，去休闲一下；情绪忧虑时，去旅游一下，都会消愁解闷，旷达胸怀。

飞飞妈妈，情绪与生俱来，复杂多变，既可成为家长和孩子建立和睦人际关系的催化剂，也可成为家长和孩子成功道路上的绊脚石。美国心理学家安东尼·罗宾斯曾说过："成功的秘诀就在于懂得怎样控制痛苦与快乐这股力量，而不为这股力量所反制。如果你能做到这点，就能掌握住自己的人生，反之，你的人生就无法掌握。"我相信，经过你们的努力，你一定会成为控制情绪的榜样的。

最后，祝您全家身体健康，快乐幸福，事事如意！

此致

敬礼

殷老师

2016 年 9 月 15 日

换位思考助理解

——如何做到共情孩子感受

琅琅妈妈：

您好！

来信已收悉。您在来信中谈到您生育了两个孩子，大宝琅琅是个男孩，今年9岁，正在上小学三年级，琅琅性格内向，长相一般，学习也一般，成绩在班级下游，为此你们多次被老师叫到学校。二宝琼琼是个女孩，刚好24个月，圆圆的脑袋上一双大眼睛闪着聪慧的光芒，小脸红扑扑的，就像一个半熟的桃，笑起来眼睛就弯成月牙一样，露出洁白的牙齿，惹人疼爱，不高兴时噘起粉嘟嘟的小嘴，依稀还带着未擦净的口水，当真是可爱极了。琼琼不仅人长得漂亮，而且很讨人喜欢，每次看到爸爸下班回家，琼琼总要嗲嗲地叫着爸爸，抱着爸爸的脸庞亲个不停。看到女儿这种可爱的样子，琼琼爸爸对琼琼又搂又抱，还要把她举到头顶，逢人便说："我家闺女既聪明又可爱，今后肯定会超过琅琅的。""琼琼肯定不会像琅琅一样，学习一塌糊涂。"每当琼琼爸爸做这些动作和说这些话的时候，您就会发现琅琅很难过，一句话也不说，冷冷地看着你们，显得很不协调。看到琅琅的这种表现，您多次提醒过他爸爸，要在乎琅琅的感受，不要将两个孩子进行比较，可是他爸爸依旧我行我素。看到这样的一幕，您心里感到非常别扭，不知道该如何换位思考孩子的想法和感受。

琅琅妈妈，换位思考是一种心理体验过程，将心比心、设身处地是它的心理机制。在家庭中，就是家长要站在孩子的立场上思考问题，容纳孩

子不同的想法，将自己的内心世界，如情感体验、思维方式等与孩子联系起来，从而与孩子在情感上得到沟通，为增进理解奠定基础，架起一座便于沟通的桥梁。可是不少家长由于受家道威严、价值观偏差和对孩子期望过高等因素影响，往往不会换位思考孩子的内心感受，孩子常常感到失望和受到伤害，减少甚至停止自我表达，产生失落或对抗情绪，导致亲子沟通出现障碍。

琅琅妈妈，换位思考不仅能让孩子感到自己被理解和悦纳，感到愉快和满足，也促进了孩子的自我表达和自我探索，有助于营造良好的家庭氛围，提高教育的效果。那么，家长应该如何换位思考孩子的想法和感受呢？

1. 细致观察孩子举动

换位思考是一种思维对另一种思维的回应。要产生这种回应，家长就必须仔细观察孩子的一举一动，从孩子的一个眼神、一声叹息、一个欲言又止的表情、一次嘴角的牵动、一次稍纵即逝的皱眉等，来把握和理解孩子的需要与情感，正确回应孩子的需求。

2. 耐心倾听孩子声音

倾听是亲子沟通的桥梁，是换位思考的基础和内容。家长在倾听时要保持真诚、尊重、专注的态度，宽容孩子的错误与缺点，让孩子感受到家长的关怀，愿意说出心里的真话。

3. 蹲下来跟孩子说话

每个孩子都会对尊重、平等有着强烈的要求。家长只有"蹲下来"和孩子说话，才能清楚地听到孩子所说的每一句话，才能了解孩子的内心感受，与孩子的交流才会更加顺畅。

4. 己所不欲勿施于人

在人际交往中，家长总会遇到一些令人不愉快的事情，比如，被领导在大会上批评、被迫做自己不愿意做的事……这些倒霉事，会使家长心烦气躁或者神情抑郁。如果家长把这种负面情绪传染给孩子，就有可能激起孩子的压抑心理或逆反心理，引起心理问题。

5. 用孩子方式帮助他

如果家长不考虑孩子的内心感受，一味把自己的观点强加给孩子，比如，"我这都是为了你好！""你怎么这么让我失望""你不好好读书，将来怎么生活"等等，往往会引起孩子反感，导致孩子的对抗行为。相反，如果家长多说"有什么方法能帮助你？我很愿意去做""我能理解这种心情，我知道这种事处理起来很难"等等或者拥抱、抚摸、亲吻孩子，孩子就会感受到家长的认同和理解，亲子沟通就会顺畅。

琅琅妈妈，换位思考是家庭和谐的种子，是情感交流的润滑剂，是亲子沟通的桥梁。只有站在孩子的角度，蹲下身来和孩子说话，共情孩子的感受，亲子关系才会和谐，孩子身心才能得到健康发展。我相信，通过你们的努力，一定会很好换位思考孩子的想法和感受的。

最后，祝您全家身体健康，快乐幸福，事事如意！

此致

敬礼

殷老师

2016 年 9 月 21 日

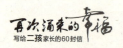

要求一致铸合力
——如何做到教育的一致性

淙淙爸爸：

您好！

来信已收悉。您在来信中谈到你们夫妻生育了两个男孩，大宝淙淙今年 7 岁，正在上小学一年级，二宝奎奎 6 岁，正在幼儿园上大班。自从奎奎出生以后，你们夫妻俩在教育两个孩子上意见就不一致，您认为孩子大了，要学会自主，用不着陪伴，而您爱人认为，陪伴是最好的教育；您认为男孩难得犯错误也没事，您爱人认为孩子的一举一动都必须符合社会规范；您认为家庭要配合好教师教育，您爱人认为老师教育有误就要指出来……为此，你们夫妻俩经常在教育孩子上发生争执，来信询问怎么才能做到教育一致性。

淙淙爸爸，童年时期的孩子性格还没有定型，可塑性很强，认识能力差，不能正确分辨是非、美丑和好恶。因此，家长对孩子提出的要求，必须是一致的。如果教育要求不一致，会给孩子造成思想上的混乱或行为上的矛盾，会影响孩子的教育效果。但是现实生活中，无论夫妻双方交流得多么好，要想在教养孩子的问题上没有一点分歧是不可能的。这是因为夫妻双方的家庭教育背景不同，养育孩子的价值观不同，期望值也不可能完全相同，存在意见分歧是一种很正常的现象，关键是夫妻双方要管控好意见分歧，不让分歧影响到家庭关系和孩子成长。

淙淙爸爸，如果家长在教育孩子方面存在严重的意见分歧，或者由此引起吵架、谩骂等，会对孩子成长造成很坏的影响，造成孩子的双重人格，导致其在父亲面前是一个样，在母亲面前又是另一个样；会使家长的威信降低，破坏家庭教育的效果；会削弱孩子自我控制能力的发展，使孩子不明是非，影响孩子的身心健康，影响孩子形成正确的问题解决模式。那么，怎样才能做到教育一致呢？

1. 家庭与社会一致

家庭教育要与社会法律和道德规范要求相一致。孩子生活在社会这个大环境中，要想有所作为，就必须按照社会约定俗成的道德规范和既定的法律规定行事，才能游刃有余，心想事成，否则就会处处碰壁，一事无成。因此，作为家长，应树立立德树人的教育观念，在家庭日常教育中注重孩子的品德培养，养成良好的道德规范和法律意识。

2. 家庭与学校一致

家长应根据学校和老师的要求，采取相一致的教育原则，这样才能凝聚教育的力量，最大限度地对孩子发挥教育作用。比如，家长看到孩子作业多时，要正面引导孩子，而不是对老师评头论足，横竖指责；再比如，家长看见孩子捡了别人的东西，孩子要交给学校，家长要给予支持，而不是冷言冷语，百般阻挠。这样，才能提高学校和老师在孩子心目中的威信，产生合力效应。

3. 父亲与母亲一致

父母双方对子女的教育原则要一致。家长对子女的教育要求持相同的意见，孩子才会有确定的目标，好坏才能分明，善恶才能明辨，美丑才能清晰。当然，这种一致不是娇惯纵容的一致，也不是训斥打骂的一致，而是正确引导和说服教育的一致。孩子在场时，夫妻双方要尽量避免正面冲突。尽管一方教育孩子失当，另一方也不要轻易指责对方，指责从来不能使人心悦诚服，彼此少一分正面冲突，就会少一分对孩子教育的负面影响。

4. 今天与昨天一致

家长对孩子的教育要一以贯之，持之以恒，不能一激动就放纵，一着急就发狠，要么十天半月不管，要么死拧个没完。一曝十寒或一寒十曝，都不是明智的教育思想和方法。只有一如既往地引导和培养孩子树立良好的思想品德、一丝不苟的学风和锲而不舍的精神，才是孩子一生受益无穷的精神财富。

5. 言语和行为一致

言传和身教相结合，才能取得良好的教育效果。比如，有些家长要求孩子抽空要多看书，养成良好的阅读习惯，而自己下班以后却热衷打麻将，这样的家庭教育效果当然很差。作为家长，在孩子阅读书本时，也应该拿本书在旁边陪伴。这样，孩子才会在潜移默化中受到熏陶和感染。

淙淙爸爸，要做到教育一致，家长就要多看一些教育书籍，多听专家讲座，多参加家庭教育研讨会，多探讨家庭教育的方法和技巧。当教育要求趋向一致时，教育孩子才会变得简单，孩子的成长才会变得顺利，才能取得良好的教育效果。我相信，通过你们的努力，一定会取得教育一致的。

最后，祝您全家身体健康，快乐幸福，事事如意！

此致

敬礼

殷老师
2016 年 10 月 21 日

积极心理编

再次溜来的
写给二孩家长的60封信

自信成就人生路
——如何培养孩子的自信心

菲菲妈妈：

您好！

来信已收悉。您在来信中谈到您夫妻两人生育了两个女儿，大宝乐乐今年 5 岁，正在幼儿园上小班，二宝菲菲才 9 个月。大宝乐乐自信明显不足，别的小朋友在一起玩，乐乐总在一旁远远地看着；游戏课上，同学都在大大方方玩游戏，只有乐乐一个人缩在角落里不吭声，怎么拉也不上去；上课回答问题，乐乐声音轻得几乎听不见；每天您送乐乐上幼儿园，到了幼儿园门口乐乐总让您抱着不肯松手……现在，你们在想方设法提升乐乐自信的同时也在反思，究竟是什么原因造成了乐乐自信不足的现象，并希望这种现象不要发生在菲菲身上，来信询问如何培养 1 岁以内孩子的自信。

菲菲妈妈，自信心是指由积极自我评价引起的自我肯定并期望受到尊重的一种积极向上的情感倾向。婴儿的自信心与家长的养育方式有着直接的联系。有些家长不注意陪伴孩子，导致孩子内心缺少安全感；有些家长有条件地爱孩子，孩子不能获得正面的肯定，就会对尝试新事物越来越有顾虑和自我怀疑；有些家长内心有着自卑的焦虑感，并把这种感觉投射到孩子身上，特别渴望孩子能够按照理想的方式去成长，如果孩子达不到理想的要求，就否定孩子，一次一次地剥夺孩子的自我成就感和满足感，孩子的不自信也就产生了。

菲菲妈妈，居里夫人就曾说过："我们要有恒心，尤其要有自信心。"

自信是一种积极的心理品质，是促使孩子向上奋进的内部动力，是孩子取得成功的重要心理因素，它关系到孩子一生的成长和发展。那么，应该如何培养 1 岁以内孩子的自信呢？

1. 给予无条件爱

家长要给予孩子无条件的爱，特别是当孩子有些失误或者挫折的时候，家长更要肯定孩子的尝试和付出的努力。比如，孩子想自己用手抓炒米，由于年龄小能力不足，往往会把炒米弄得满地都是，这时家长就要肯定孩子的尝试，并给予孩子多次练习的机会，而不能剥夺孩子再做尝试的机会，造成孩子多一次负面评价的强化。

2. 及时回应哭声

依恋理论认为，婴儿的自信心是由于亲人的存在带来的安全感。有些育儿专家主张让孩子"哭出来"以化解痛苦，其实这样做很容易将家长是不可靠的消息发送到婴儿的脑海中，让孩子失去安全感。因此，当孩子饿了、脏了、烦恼或痛苦而大声哭时，家长应及时帮助孩子解决问题。如果没有及时解决问题，孩子会产生愤怒和其他情绪问题，影响孩子建立信心。

3. 深情照料孩子

爱抚会让孩子产生喜爱和信心。婴儿最先学会关注的对象就是家长，这不仅是纯粹的感官现象，更重要的是孩子能从接触、亲吻或更感性的照料中感受到浓浓的爱意。

4. 鼓励探索玩耍

鼓励孩子探索或玩耍，有助于建立孩子的信心和独立性。因此，家长应有目的地提供场地和玩具让孩子探索，比如，让孩子爬着去取回玩具，当孩子成功返回时，家长的一个微笑、一个拥抱或一句激励的话，都会让孩子探索的信心更强。

5. 要求适度合理

家长要充分了解孩子的年龄特点，合理制定孩子发展的目标，提出恰

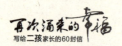

当要求。如果要求过高，孩子的能力达不到，会导致自信心下降。比如，常有家长担忧孩子怎么还不会走路，其实孩子腿部的大肌肉还没有发展到能支撑整个身体的程度，腰肌发展也不完善。这时如果家长硬要扶着孩子坚持练习行走，孩子就会出现厌倦情绪，挫伤信心，甚至造成身体伤害。

菲菲妈妈，在孩子的成长过程中，最重要的莫过于培养自信心。有了自信，孩子就会有力量克服遇到的困难，用积极进取的态度去对待生活。因此，家长要努力捕捉孩子细小的感觉，积极陪伴孩子，放手让孩子探索世界，从小就给予孩子一份自信。我相信，经过你们的努力，孩子的自信一定会培养成功的。

最后，祝您全家身体健康，快乐幸福，事事如意！

此致

敬礼

殷老师
2015 年 5 月 17 日

谦让产生凝聚力
——如何培养孩子的谦让品质

琪琪妈妈:

您好!

来信已收悉。您在来信中谈到您生育了两个孩子,女儿芊芊已经 10 岁,正在上小学三年级,儿子琪琪 6 岁,正在上幼儿园中班,两个孩子平时经常为争夺物品而吵架。昨天晚上,您帮助孩子准备了苹果,希望琪琪和芊芊晚餐后吃个梨,谁知琪琪饭还没吃完,就急不可耐地走到水果盘前仔细地端详一番后,伸手拿走了其中大的梨吃了起来,吃完后还要拿小的梨吃,芊芊看到后,马上扔下饭碗,和琪琪抢夺起来。当两人都就餐完毕,琪琪和芊芊都来到厨房的水龙头跟前,你推我,我推你,争着说"我先""我先"。琪琪说:"我先到这儿的。"芊芊说:"我先来的。"两人争执不下,您不得不跑过去把他俩拉开。看到两个孩子都不懂谦让,您心里真不是滋味,不知道该怎样培养孩子的谦让品质。

琪琪妈妈,谦让是指当双方因共同喜欢或需要的物品、角色空间等资源而产生冲突时,一方主动让给另一方的亲社会行为。孩子并不是一出生就具备谦让品质的,而是生理心理发展到一定水平,拥有产生谦让行为的内部机制时,孩子才有可能产生谦让行为。谦让并不是要剥夺孩子的权利,而是要让孩子懂得跟别人更好相处有时需要让步,这种让步并不是要求孩子委曲求全总是自我牺牲。

琪琪妈妈,谦让影响着孩子社会适应能力的发展和亲社会行为的形

成。善于谦让的孩子一定会受到同伴的欢迎和接纳，因而获得更多的交往机会，也更具有竞争力，会获得更大思考和成长的空间。那么，应该如何培养孩子谦让的品质呢？

1. 注重言传身教，强化适宜行为

家长应该在日常生活中潜移默化地对孩子施以积极的影响，在孩子幼小心灵中播下谦让的种子。比如，带孩子坐公共汽车时，家长在车上看见年迈的老人和抱小孩子的妇女，便主动起身让座。对于孩子出现的谦让行为，比如，与兄弟姐妹分享食品、玩具和水果等，家长要及时予以肯定，强化孩子的这种优秀品质。

2. 欣赏文学作品，引发情感共鸣

欣赏故事、散文、诗歌等文学作品，观看木偶剧、动画片等，孩子往往会把自己的情感融入到作品情节中，引发情感共鸣。比如，和孩子讲《大象的朋友》《小熊请客》《天蓝色的种子》《小羊过河》《小泥人》等故事，观看《小熊让路》《送你一把伞》《好事情》《热心的小鸭子》等木偶剧，朗诵《让座》《不知道》《对不起，没关系》等诗歌，可以激发孩子关心他人的积极情感，感受助人为乐、团结友好、互相谦让等良好品质。

3. 实施角色扮演，学习换位思考

家里开展角色扮演的游戏，让孩子换位思考他人的感受。比如，当家里有精美食品或时令水果时，让孩子扮演姐姐、弟弟或父母，分别说出不同角色面对精美食品或时令水果时心里的想法。再比如，模拟家里来客人时，家长扮演客人，孩子模拟怎样待客等等。这些游戏都可以激发孩子产生谦让的行为。

4. 创造合作机会，发展社会行为

家长应想办法为孩子创造和提供谦让的机会，让孩子在实践中学会谦让。比如，姐姐为弟弟穿衣服、解纽扣，弟弟为姐姐梳头；两个孩子共读一本书，一起唱歌、跳舞、玩打击乐器；家里有小朋友来玩时，提醒孩子把自己的玩具分给小朋友玩；孩子生日时要有意识地让孩子把蛋糕先送给爷爷奶奶吃等等。这样，孩子的社会行为和合作技能才能得到有效发展。

琪琪妈妈，谦让教育一要按照孩子年龄循序渐进进行，对于年龄较小的孩子应以分享教育为主，然后再逐步过渡到谦让教育；二要针对实际情况有的放矢地进行，并不是任何时候、任何情况下都要谦让，禁锢孩子的竞争心。只有尊重每个孩子，平等对待每一个孩子，才是正确的教育行为。我相信，经过你们的努力，孩子一定会学会谦让的。

最后，祝您全家身体健康，快乐幸福，事事如意！

此致

敬礼

殷老师

2015 年 6 月 13 日

责任提高战斗力
——如何培养孩子的责任意识

强强爸爸：

您好！

来信已收悉。您在来信中谈到您夫妻生育了两个儿子，大宝旭旭今年4岁，将要上幼儿园，二宝强强才3岁。两个孩子虽然还没有上幼儿园，但做事情都很有责任心。半个月前，强强妈妈在花鸟市场买了一只小乌龟，买回家后哥俩就喜欢上了小乌龟，坚决要求每天亲自喂养小乌龟。强强妈妈决定锻炼一下孩子，就把有关喂养的注意事项交代给了孩子，要求每天坚持喂养。两个孩子说到做到，每天起床的第一件事就是来到鱼缸旁，耐心地喂食物给小乌龟吃，每天睡觉前还要过去看看小乌龟。半个月下来，天天坚持，小乌龟也长大了不少。看到孩子这种责任心强的样子，您心里非常高兴，希望孩子今后也能有责任心，但不知道孩子进入幼儿园以后该如何培养责任心。

强强爸爸，责任心是孩子对所承担任务的自觉态度，是各种责任关系的反应，包括责任认识、责任情感和责任行为三个方面，它既是一种心理现象，又是一种社会品质。孩子的责任心不是先天就有的，是孩子在不断的社会实践过程中，在自己与各种社会关系的发展过程中，认识到自己的责任，并产生相应的内心体验，作出责任行为，产生责任心。

强强爸爸，责任心是一种重要的非智力因素，它影响着孩子的学习与智力开发，也是孩子今后能够立足于社会、获得事业成功、家庭幸福的至关重要的人格品质。那么，如何培养孩子的责任心呢？

1. 确定责任目标

孩子进入幼儿园以后，家长应根据孩子的年龄特点和个性特点，向孩子提出合理的要求，制定可行的责任目标，促使孩子责任意识的形成。比如，让孩子清楚知道每天所要做的事情，清楚知道自己所做的事情要求，学会把事情在一定时间内按时完成。这样，孩子的任务意识和责任心就会增强。

2. 家长言传身教

家长自身的责任心如何，对孩子来说是一面镜子，会对孩子产生潜移默化的影响。因此，家长应努力做有责任心的好家长，要求孩子办到的事，自己首先要做到，无论做出什么许诺，都要尽可能地实现，如果不能实现的话，一定要向孩子说明。这样，孩子才会受到熏陶，增强责任意识。

3. 学习承担责任

培养孩子的责任心就要求家长放弃对孩子的溺爱，让孩子去做一些力所能及的事情，让孩子学会自我服务，让孩子懂得为自己多承担一些责任。比如，玩好的玩具要自己收拾好，学会自己吃饭、喝水、穿衣、系鞋带等等，自己说过的话不能食言，自己应当做的事情必须有始有终等。

4. 参与家庭生活

家长首先必须转变观念，尊重孩子的权利。家里的一些事情，无论是否与孩子直接有关，都可以让孩子发表意见；家里的家务活也要有一个明确的分工，让孩子每天也承担一点；家长也可以让孩子在家里充当检察官的角色，对家里每个成员的行为进行监督，看看大家做事是否都有责任心；还可以要求孩子坚持喂养金鱼、乌龟等；孩子犯错时，告诉孩子要勇于承认错误。这样，孩子会学到很多，也会承担很多。

5. 建立社会责任

心理学研究表明，孩子责任心的形成与发展有一个从依从阶段到认同阶段，最后再到信奉阶段的过程。社会实践活动是深化孩子责任培养的重要途径，比如，家长要告诉孩子外出游玩时不能随地乱扔垃圾，不能随地

写给二孩家长的60封信

大小便或吐痰，公共场所不能大声哭闹等等，使责任感伴随着孩子一言一行、一举一动。

　　强强爸爸，花有果的责任，云有雨的责任，世间万物均有自己的责任，培根曾说："责任心是世界上最珍贵的种子，它若早早地播种在孩子的心田里，将会收获一生一世的幸福。"孩子责任心的培养，是一个长期而系统的工程。但只要持之以恒、坚持不懈，一定会收获累累硕果的。我相信，通过你们的努力，孩子一定会更有责任心的。

　　最后，祝您全家身体健康，快乐幸福，事事如意！

　　此致

敬礼

殷老师

2015 年 6 月 23 日

好奇孕育原动力

——如何培养孩子的好奇心理

丹丹妈妈:

　　您好!

　　来信已收悉。您在来信中谈到您生育了兄妹两人,哥哥冉冉今年11岁,正在上小学四年级,妹妹丹丹才3岁多。丹丹好奇心非常强烈,问题经常问个没完。昨天丹丹吃完早餐后,您给丹丹端来了一杯牛奶,丹丹竟随手拿起手边的乒乓球和塑料球扔进牛奶里。听到扑通的声音和看到牛奶溅出的情景,她感到非常好奇,还把您拉过来,用小手指给您看,乒乓球浮在了液面,塑料球沉入了杯底。昨天中午,丹丹一直在观察小蚂蚁在干什么,一会儿在蚂蚁前进路上放上小石块,一会儿故意弄湿一部分,观察小蚂蚁运动的路线变化,还问您蚂蚁为什么可以背那么重的东西,丹丹足足观察半个多小时蚂蚁,吃中饭时还恋恋不舍。看到孩子对世界充满好奇心的样子,您心中感到非常高兴,但又不知道该如何继续保持和发展孩子的好奇心。

　　丹丹妈妈,好奇心是孩子遇到新奇事物所产生想要探究的心理倾向,是一种优势心理过程。当孩子的好奇心被诱发时,孩子就会对新奇事物产生期待与渴望,会驱动孩子主动接近新奇事物,积极思考与探究,产生自动化的注意,释放认知能量,调动认知潜能,从而提高孩子的认知水平。

　　丹丹妈妈,好奇心是打开世界之门的钥匙,是通向未知世界的桥梁,科学技术中的发明和创造都源自强烈的好奇心。孩子对世间万物充满好奇,才会感受到世界的好玩和魅力,生活才能过得情趣盎然。那么,应该如何

保持和发展孩子的好奇心呢？

1. 给予孩子刺激

在具备充足刺激的环境中生活，孩子才有机会见识各种各样的事物，并引起好奇心。因此，家长可以常带孩子到商场、电影院、图书馆、大自然、公园或各种公共场所，用丰富的素材刺激孩子的感官和肢体，增加孩子探索和认识外界的机会。

2. 引导孩子提问

面对新鲜的事物时，家长应有意识地引导孩子提问，比如，"这朵花真漂亮，是紫色的，和其他花有什么不同？"等等。对于孩子一些幼稚的问题，比如，"风是什么？""雨是什么？""闪电是什么"等，家长应不厌其烦地予以解释。家长回答孩子问题时要有启发性，对于有因果关系等比较复杂的问题时，不能简短地回答"是"或"不是"，而要引导孩子注意事物之间的联系，鼓励孩子用已有的知识经验，通过观察思考找出答案。

3. 允许孩子试错

孩子强烈的好奇心除了表现为好问之外还表现为好动，孩子的好奇好动往往会导致一些破坏性行为的发生。对此，家长应耐心地引导孩子，切不可打骂指责和惩罚孩子。比如，孩子拆玩具时，家长应鼓励孩子的这种探索行为，并简单向孩子讲述玩具的构造原理和安装方法，然后与孩子一起把玩具修好。

4. 指导观察尝试

观察是孩子探究事物奥秘的基础，尝试是孩子化解内心疑问、探索事物发生原因的可靠途径。比如，孩子在观察小蚂蚁时，家长不能只停留于让孩子观察小蚂蚁在干什么，而要引导观察蚂蚁运动的方向和特点。家长还可以为孩子准备一个放大镜，帮助孩子看到更多小蚂蚁活动的细节和小蚂蚁的身体特征等等。

5. 鼓励新奇玩法

好奇心如何才能上升为创造力？有时靠的是一种非常规的游戏手段。比如，孩子把自己爱吃的怪味豆和鱼皮花生埋进土里等待"发芽"，这样家长就要静等孩子的实验结果，千万不要从成人的视角，将孩子拽回所谓"正确的轨道"上来。这样，孩子才能获得许多发现问题、解决问题的机会。

丹丹妈妈，婴幼儿时期是孩子萌生和形成好奇心的最佳时期，家长应把握住孩子的这一优势心理因素，充分激发和培养孩子的好奇心，让孩子从小就饶有兴味地去追求知识，探索奥妙，这对孩子的茁壮成长和个性品质的形成和发展一定会产生积极影响。我相信，通过你们的努力，孩子的好奇心一定会得到保持和发展的。

最后，祝您全家身体健康，快乐幸福，事事如意！

此致

敬礼

殷老师
2015 年 9 月 24 日

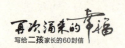

创造铸就成就感
——如何发展孩子的创造力

桐桐爸爸:

您好!

来信已收悉。您在来信中谈到你们夫妻生育了两个儿子,大宝明明今年 10 岁,正在上小学三年级,二宝桐桐今年 5 岁,正在幼儿园上中班。上周六下午,桐桐在家里画画,先是画了一个小朋友,之后又在小朋友旁边加了一团黑色,您问桐桐:"这是什么?"桐桐说:"这是小朋友的影子。"随后桐桐又画了老师,老师身上有很多双手,您问桐桐:"老师怎么会有这么多双手啊?"桐桐回答:"老师每天又要上课,又要写字,又要盛饭,又要帮我们脱衣服、穿鞋子,忙都忙不过来,老师如果有很多双手该多好啊。"昨天晚上,您和桐桐一起用积木搭桥,桐桐竟然搭了一座三层的立体桥。面对孩子这种富有创造力的表现,您心中感到非常欣喜,希望孩子今后也能具有创造意识,但不知道该如何保持和发展孩子的创造力。

桐桐爸爸,创造力是指产生新思想、发现和创造新事物的能力。创造力是一系列连续的复杂的高水平的心理活动,是成功地完成某种创造性活动所必需的心理品质,它包括敏觉力、变通力、独创力、精进力、流畅力等五个方面。随着幼儿年龄的不断增长,孩子的知识经验日益丰富,心理发展渐趋成熟,个性逐渐形成,创造活动的类型和范围有了新的变化,创造的目的性和指向性不断在增强,是创造力发展的重要时期。

桐桐爸爸，具有创造力的孩子具有强烈的问题意识，求知欲旺盛；思维灵活，善独辟蹊径，想象力永不枯竭；兴趣广泛，善于从各种角度收集信息，观察敏锐；意志品质出众，具有冒险精神和锲而不舍的努力精神。那么，应该如何保持和发展孩子的创造力呢？

1. 多一点孩子气

从某种意义上说，孩子气是非常宝贵的品质。因为有了孩子气，幼儿的脑瓜里才没有那么多既定的规则，才可以天马行空地恣意妄为，才可能有更多创造的空间。因此，当幼儿孩子气地做一些事情，或者表达自己想法的时候，家长就要尽量多给孩子一些鼓励，多给孩子一些自由，最好不要轻易去否定他。

2. 给一些旧元素

旧元素是创新的基础。旧元素不是指尽可能多地给孩子灌输知识，而是提供尽可能丰富的探索环境。为了给孩子提供丰富的探索环境，家长需要在保证安全的前提下在家里为孩子留出更多的空间，多带孩子外出，让孩子接触尽可能多的事物，并根据孩子的兴趣，适时适度地提供材料和实践机会，鼓励孩子自己动手体验。

3. 试一下新组合

旧元素再丰富，它也只是一堆创新的原材料。要培养孩子创造的习惯，就得为孩子提供利用旧元素进行新组合的机会。实际上，当孩子不按常规的方式来做事的时候，那就是尝试新组合的开始。当孩子尝试新组合时，家长不能迫不及待地干涉孩子，试图将孩子拽回所谓"正确的轨道"。比如，孩子非要将小嘴巴伸进杯子里，像小猫一样去喝水，或者非要将面条一圈圈卷在筷子上送进嘴里吃，那就让孩子尝试尝试吧。孩子不会永远以这样的方式喝水吃面条，但是这种别出心裁的思维模式实际上是他创造活动的萌芽。

4. 挑一些新材料

许多科学发明都起源于假想，从某种意义上来说，假想或许就是创造的前奏。如果假想被证实，创造就成功了；如果假想被证伪，那也不过是排除了一种失败的可能性，离创新更近了一步。同样的，引导孩子在游戏的过程中大胆假设，对培养创新能力是非常有帮助的。比如，当孩子尝试搭积木的时候，孩子很快就会发现积木摞高了会倒塌这样的事实，这时家长可以引导孩子设想：什么东西能把积木固定住，不倒下去呢？提出问题之后，可以让孩子找来多种材料，比如胶带、绳子、橡皮泥、面团、胶水、各式各样的支架……有了更多的新材料参与进来，搭积木这个游戏就不再仅仅停留于搭积木本身，而是可以拓展出更多的内涵来了。

5. 多一些新想法

家长可以有意设置些情景疑问，让孩子设法解决。比如，给孩子讲故事，小朋友玩球不小心球掉到小土坑里了。这时家长可问孩子："有哪些办法可以把球拿出来？"孩子会说"用手拿""用棍子挑""用铁钩钩""往坑里灌水让球浮上来"等，聪明的孩子甚至会说"到动物园请大象来用鼻子吸出来"，这些都是创造性思维的表现。再比如，家长给孩子准备一个勺、一根皮管、两只桶（一只装水，一只空桶），要求孩子尽快把水从一只桶转移到另一只桶中，但不能用倒的方法。一般情况下孩子会拿勺去舀，这时家长教孩子把装水的桶放在高处，把皮管一头插入装水的桶内，一头吸一下然后插入空桶，水就会顺着皮管流到空桶里。这时孩子就会受此启发，产生新的想法。

6. 读一本好图书

亲子共读是培养孩子创造力的好方法。在阅读过程中，给予孩子文化的刺激，孩子就会去模仿或练习，新的想法就会油然而生，创造力也随之发展。

桐桐爸爸，21世纪是知识经济时代，需要各种创造性人才，如何培养孩子的创新意识和创造能力，是每个家长都应深入研究和探讨的问题。只有从小丰富孩子的感性经验，鼓励孩子动手动脑，才有可能培养孩子的创新意识。我相信，通过你们的努力，孩子的创造力一定会得到发展的。

最后，祝您全家身体健康，快乐幸福，事事如意！

此致

敬礼

殷老师

2015 年 11 月 9 日

乐观豁达好运来

——如何培养孩子的乐观意识

冲冲爸爸：

您好！

来信已收悉。您在来信中谈到您养育了一儿一女，儿子冲冲今年 9 岁，正在上小学三年级，女儿依依才 25 个月。冲冲出生后不久，你们夫妻两人就到南方去打工了，冲冲一直由爷爷奶奶带大。冲冲虽然从小在山沟中长大，却一直保持着乐观的心态。冲冲 7 岁那年，由于跟爷爷奶奶上山砍树，不小心摔断了右腿，您听到消息赶快赶回老家，发现冲冲在病床上还是乐呵呵的，没有一点沮丧的情绪。去年，孩子的爷爷奶奶相继去世，您把两个孩子都接到了身边，冲冲来到新环境后适应能力非常强，整天脸上挂着微笑。看到冲冲快乐的样子，您心里感到非常高兴，但不知道该如何发展孩子这种乐观的心理品质。

冲冲爸爸，乐观是一种抱着积极阳光的心态去面对生活的态度。艾利斯的 ABC 理论指出，人的情绪 C 并不是由事情 A 决定的，而是由对这件事情的看法、解释和评价 B 决定的。一件事情从不同角度来看，可以看到积极的一面，也可以看到消极的一面，心态不同，看到的景色就会不同。一个乐观的孩子，无论身处何处，善于看到事物有利的一面，对事物的发展充满信心，就能时刻感受到生活的乐趣。

冲冲爸爸，乐观的孩子学习更专心，做事更专注，情绪更稳定；更容易与人亲近，人际关系更融洽；面对新生事物更勇于尝试，充满好奇心；

面对困难会一次次寻找解决的方法，从不轻言放弃；面对压力能迅速调整自己，抗压能力比较强。那么，应该如何培养孩子这种乐观的品质呢？

1. 养成习惯，规律生活

生物学研究表明，规律的生活能让左右大脑得到有利的刺激和平衡。保持规律的生活习惯，孩子对事情的掌控感觉和满意程度就会提高，就会更有安全感，也更容易得到愉悦感。比如，每天晚上 8 点，孩子洗漱完毕，躺在床上，家长讲一个故事，拥抱一下，然后再熄灯睡觉，孩子就能甜甜地进入梦乡。

2. 平等交流，静静聆听

耐心倾听会让孩子产生一种被尊重、被理解的感觉，孩子的心态会更乐观。当孩子连续不断地和家长分享时，家长要以专注的、欣赏的、幸福的眼光和态度静静地聆听，偶尔用"嗯，哦，是吗？然后呢？还有吗？"等简单的语言回应、肯定和鼓励孩子。这样的聆听与交流能让孩子充分感受到平等和尊重，孩子就会越来越有自信，性格就会越来越开朗。

3. 呵护兴趣，快乐游戏

兴趣爱好和游戏活动可以丰富孩子的生活，陶冶孩子情操，让孩子感受各种不同的快乐方式。比如，家长可以和孩子一起玩滑滑梯、搭积木、做手工、画画、拼图等游戏，通过游戏开阔孩子的眼界，发展孩子的特长，帮助孩子快乐成长。

4. 经受锻炼，允许犯错

从内心来说，家长都希望孩子少受挫折，总是不自觉地帮孩子清除障碍，确保孩子一帆风顺成长，其实这很不利于孩子耐挫能力的培养。家长允许孩子犯错，让孩子明白出错的地方，在失败后及时调整前进的方向，鼓足勇气继续前进，帮助孩子收获满足感、安全感和成就感，这对提高孩子逆商很有益处。

5. 创造机会，多交朋友

鼓励孩子多交朋友，特别是同龄朋友，有助于孩子培养乐观的心理品

质。家长要积极为孩子创造与人交往的机会，比如，带孩子去邻居家串门，邀请孩子的朋友来家里做客，让孩子在适当的时候去同学家、邻居家玩等。让孩子在与同伴的交往中获得乐趣，怡养心情。

冲冲爸爸，要培养孩子的乐观情绪，还要保持家庭的和谐美满，减少孩子的物质满足，关注孩子情感变化，让孩子始终保持乐观的态度，帮助孩子打开一扇积极发展的大门，促进其身心健康成长。我相信，通过你们的努力，孩子这种乐观的心理品质一定会得到发展的。

最后，衷心祝您全家身体健康，快乐幸福，事事如意！

此致

敬礼

殷老师

2016 年 3 月 2 日

坚韧提升竞争力
——如何发展孩子的坚韧品质

磊磊妈妈:

您好!

来信已收悉。您在来信中谈到您与前夫五年前由于感情不和离异了,女儿莉莉判给前夫抚养,莉莉今年 13 岁,下学期升入初一。四年前,您与现在的丈夫结婚,一年后生下了儿子磊磊,磊磊现在 32 个月大。前几天,您带磊磊去离家不太远的超市购买日用品,日用品整整装了一马甲袋,足有三斤多。回家途中磊磊坚持要自己把袋子拎回家。您拗不过孩子,于是磊磊就在前面拎着马甲袋,您就在后面跟着。由于磊磊还不完全认识回家的路,只能走几步路,停下来看看前面的路,确认前面畅通无阻,便又拎着马甲袋继续往前走。当孩子通过一段烂泥地时,谁知脚下一滑摔了一跤,只见孩子勇敢地爬了起来,顾不得肮脏和痛苦,继续往前走。您忙赶上去对磊磊说:"磊磊,歇会儿,妈妈来拎吧。"可是磊磊坚持不肯松手。原本对大人来说十分钟的路程,磊磊走一下歇一歇,竟用了半个多小时,一直把日用品拎到家里。看到孩子的这种表现,您心疼之余又感到高兴,希望孩子一直能保持这种坚韧的意志品质,但不知道该如何发展孩子的这种优秀品质。

磊磊妈妈,坚韧是指一个人以坚韧不拔的毅力、顽强不屈的精神,克服一切去执行决定。在任务困难面前或威胁利诱面前都毫不动摇,坚持不懈地去实现既定目标。坚韧包括两方面:一是坚固,不容易破坏;二是有韧性，能弯曲。人类历史上许多重要的科研成果和艺术作品，都是人类长期艰巨劳动的结果，都是意志坚韧的表现。欧立希发明药物"606"，失败了605次，第606次才获得成功。后来，他又在"606"的基础上，经过913次失败发明了效果更好的新药。歌德的代表作诗剧《浮士德》长达12000余行，花费了歌德毕生的精力。因此可见，意志坚韧是完成艰巨任务的前提。

磊磊妈妈，马克思认为："生活就像海洋，只有意志坚强的人，才能到达彼岸。"狄更斯指出："顽强的毅力，可以征服世界上任何一座高峰。"拿破仑则宣称："胜利在最后五分钟。"这充分说明了坚韧的重要性。坚韧性强的孩子，能最大限度地运用自己的智慧，达到认识客观事物的目的，取得最后的成功。那么，应该如何发展孩子的坚韧品质呢？

1. 从兴趣爱好入手

当孩子对一种东西产生兴趣，就会坚持不懈地进行探索。为此，家长要从孩子的兴趣爱好入手，磨练孩子的意志。比如，孩子喜欢某些卡通人物，家长可以为孩子买一些这些卡通人物的拼图，让孩子反复地练习，直到又快又好地完成为止。在这样的过程中，孩子的坚韧性就得到了发展。

2. 以规则约束开始

懂规则的孩子在活动时能够克服冲动，不断对自我的思想、情感、动作等进行控制、监督和调节。在家庭生活中，家长可以和孩子达成一些口头协议。比如，孩子搭积木时，每一次都必须完成，不能虎头蛇尾等等。这样，孩子在规则的约束下，就会克服各种困难，持之以恒地完成。

3. 在困难挫折中坚持

孩子在活动中会遇到许多困难和挫折，家长应引导和鼓励孩子为克服困难寻求方法，做出努力。比如，孩子初拿画笔画画时，画出的图形凌乱不堪，孩子这时想要放弃，如果听到家长一句温柔的提醒"慢慢来，坚持就是胜利"，孩子们就会重新拿起画笔，像参加战斗一样，继续坚持下去。

4. 在体育运动中磨砺

健康的体魄是毅力的基础。强壮的身体与坚韧的品质是相辅相成的。孩子参加体育锻炼，比如拍球、跑步、游戏等，不但能增强孩子的体质，而且能养成勇敢、顽强、果断、刚毅、吃苦耐劳和自制力等良好的心理品质。

5. 在循环渐进中提升

培养意志力是个漫长的过程，家长切勿太过心急无端指责孩子，让孩子失落沮丧或者中途放弃。家长可以为孩子确定若干个小目标，当孩子每达到一个小目标，就给予孩子一定的激励，并慢慢地将目标增大，让孩子在不知不觉中得到提升。如果初始目标过于高大，孩子的坚持得不到回报就会对目标产生质疑，就难以达到磨练意志的作用。

磊磊妈妈，人的一生有上坡，也有下坡，有平坦的大路，也有坎坷的小道，有鸟语花香，也有荆棘丛生。坚韧性是孩子顺利前行的坚强保证。坚韧性的培养并非一朝一夕之事，贵在持久，贵在不懈努力。我相信，通过你们的努力，孩子坚韧的品质一定会得到发展的。

最后，祝您全家身体健康，快乐幸福，事事如意！

此致

敬礼

殷老师

2016 年 3 月 21 日

成功要靠领导力
——如何发展孩子的领导力

蒙蒙妈妈：

您好！

来信已收悉。您在来信中谈到您夫妻两人生育了两个孩子，儿子云云已经13岁了，正在上初一年级，女儿蒙蒙今年6岁，正在上幼儿园中班。云云从小学习非常认真，一天到晚头埋在书本里，学习成绩一直名列班级前列，就是做事情缺少魄力，组织能力和协调能力有待提高。女儿蒙蒙却很开朗活泼，活动能力很强。昨天晚上您接到幼儿园老师打来的电话，反映蒙蒙在班级中领导力很强，中午吃饭时拿碗筷、安排座位，都是蒙蒙决定的；老师不在教室时，蒙蒙也能站出来管理好班级；幼儿园开展比赛，蒙蒙总能号召小伙伴一起参加。听完幼儿园老师的话，您心里感到非常高兴，希望两个孩子今后都能够具有领导才能，但不知道该如何发展孩子的领导力。

蒙蒙妈妈，领导力是指充分利用人力和客观条件，以最小的成本完成任务，提高整个团体的办事效率。领导力的核心是权利和管理，领导力素质主要包括正直、自信、尊重、团队精神、服务精神、合作精神、沟通能力、社交能力和积极进取等。具有领导力的孩子拥有统领全局的意识和观念，能够创造新价值，是孩子成为出类拔萃人才的关键。

蒙蒙妈妈，领导力是各种能力的综合。相关研究表明，如果孩子能够在群体中表现出领导能力，那么他在未来的发展中会走得更加轻松。当一个孩子拥有领导力以后，必然会在同龄孩子中显现出来，使同伴对其产生亲切感、信赖感和佩服感，必然会为孩子今后的成功夯实基础。那么，应该如何发展孩子的领导力呢？

1. 家长言传身教

家庭是孩子的第一所学校，家长是孩子的第一任老师，家长的一言一行、一举一动都会对孩子带来潜移默化的熏陶。家长在日常生活中表现出的尊重、信任、谅解、乐于助人、有责任感等领导力品质，往往对孩子影响很大。因此，家长应注意培养自身的领导力素质，注重自身的言传身教。相信有了榜样，更能激活孩子身上蕴藏的巨大领导潜能。

2. 提高自我效能

自我效能感是孩子对自己是否有能力完成某项工作或行为的信念，影响和决定着孩子的行为选择以及对该行为的坚持和努力程度。孩子的自我效能感越强，选择的目标就越高，在实现目标过程中的毅力和坚持性也就越强。自我效能感的提高，是孩子领导力发展的持续动力。那么，应该如何提高孩子的自我效能感呢？首先，当孩子面对较为复杂的任务时，家长要引导孩子将一个大的任务分解为若干个小任务，让孩子体验到努力的有效性，提高自我效能感。其次，通过鼓励、解释和引导等方式来使孩子感受自我的价值和力量。哪怕只是一次小小的成功，家长都要大声地为孩子喝彩"你真棒"，每一次小的成功都是引导孩子走向下一次成功的基石。再次，当孩子面临失败时，家长要对孩子做出的努力给予赞扬，帮助孩子分析失败的原因，鼓励孩子努力争取下一次成功。

3. 发展情绪能力

情绪能力是孩子正确地识别自己和他人的情绪情感并对自己的情绪情感进行调控的能力。情绪能力主要包括情绪的自我觉察、情绪的管理和调控以及移情能力等，是领导力的核心要素。家长要帮助孩子正确地辨识各种不同的情绪情感，引导孩子控制好情绪，在社会交往中表现出适宜的行为，减少负面情绪带来的干扰。

4. 培养社交能力

社交能力包括交流和沟通、建立和维持关系、建立和维持团队以及发展他人的能力等。家长一方面要有意识地鼓励孩子多与他人进行交流，教给孩子必要的交流技能，学会有效倾听他人意见，帮助孩子明确自己的需要并将之清晰地表达出来。另一方面要教育孩子学会欣赏和尊重他人不同的想法和做法，学会如何与持有不同观点的人和睦相处，如何在必要时做出适当的妥协和让步。

5. 给予决策机会

家长要想方设法给予孩子决策的机会。比如，让孩子策划生日会，负责安排全家大扫除，组织搭建积木等。一开始孩子可能不知道该怎样下手，家长这时可以提供一些帮助，让孩子学会合理调配和分工人员。再比如，孩子买东西，可以让孩子自己选择颜色、款式、功能等，这对孩子决策能力的培养和潜在领导力的发挥，是有很大益处的。

6. 勇于承担责任

只有具有很强的责任心，勇于承担后果，才可能成为一名合格的领导者。因此，要想使孩子具备一定的组织能力，责任心的培养是必不可少的。事情无论大小，家长都应该让孩子做到有始有终；孩子对某事提出承诺，家长必须要求孩子言而有信；如果孩子犯了错或闯了祸，家长不能只顾遮风挡雨，要指导孩子独立解决的办法。

蒙蒙妈妈，培养孩子领导力是一个长期的过程，家长一定要循序渐进加以培养孩子，让孩子在群体同伴中具有一定的组织和领导才能，这样才能真正培养出既适合未来社会发展需要、自我又得到充分发展和完善的一代新人。我相信，通过你们的努力，孩子的领导力一定会得到发展的。

最后，祝您全家身体健康，快乐幸福，事事如意！

此致

敬礼

殷老师

2016 年 4 月 12 日

24

事业常成于自律
——如何发展孩子的自律能力

荣荣妈妈：

　　您好！

　　来信已收到。您在来信中谈到您生育了两个儿子，大宝荣荣今年 7 岁，正在幼儿园上大班，二宝灿灿今年 5 岁，正在上小班。你们从小就对荣荣非常宠爱，荣荣有什么要求几乎都能满足，导致荣荣从小就任性蛮横，自律能力很差，到幼儿园上学后经常在课上捣乱，欺负同学，损坏公物，搞得老师非常头疼。现在你们正在想办法矫正荣荣的这种习惯，但是想了很多办法，花了很多精力，效果仍不明显，更令人担心的是二宝灿灿由于受荣荣影响，最近也比较任性，经常捣蛋。来信询问，应该如何发展孩子的自律能力。

　　荣荣妈妈，自律就是自我约束，但又不是消极的自我约束，它是人的一种自觉的能动力量，能使人自觉地进行自我调控，积极地支配自身，排除干扰，使主观恰当地协调于客观，并采取合理的行为方式去追求良好的行为效果。它在心理学上属于非智力因素，是一种内在的心理功能。孩子自律意识的形成与心理发展水平、家庭教育方式和同伴交往技能等因素有关。

　　荣荣妈妈，记者采访"股神"巴菲特时，曾问过他成功的秘诀。巴菲特认为其中十分重要的一点，就是要学会自律。自律对于孩子来说是非常重要的一种能力，无论孩子天赋多聪明、情商多高，如果没有良好的自我

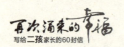

控制能力，也是很难成功的。那么，应该如何发展孩子的自律能力呢？

1. 延迟满足

心理学研究表明，幼儿时期是孩子自律能力迅速发展的时期。要培养孩子的自律意识，首先要从延迟对孩子需要的满足开始。家长不要总在第一时间满足孩子的愿望，而应适当延迟满足孩子，培养孩子抵制诱惑的能力。比如，孩子到超市后，要想买一辆遥控小汽车，非吵着要买不可，这时家长可以教会孩子通过默默地数数、深呼吸几下、离开现场等方法控制好自己的欲望，并适时提出购买遥控小汽车的前提条件，待孩子完成这些条件之后，再给予购买。

2. 时间管理

自律能力离不开对时间的管理，孩子想做某件特别喜欢的事情，比如看电视、上网玩游戏，家长要先和孩子约定玩的时间，在规定时间内孩子可以尽情地玩，约定时间一到，孩子必须自觉停止。如果孩子不能马上停止，就需要对孩子适当"惩罚"，可以减少玩的次数或减少下次玩的时间，让孩子为"违约"付出代价，帮助孩子明白守时的重要性。当孩子开始做一件不太喜欢的事情，比如做家务，可以先让孩子自己制定完成的时间，告诉孩子只要认真完成，剩余的时间可以自由支配，让孩子逐渐养成重视时间的良好意识和管理时间的良好习惯。

3. 遵守规则

培养孩子的规则意识，家长一方面要以身作则，给予孩子正面的影响，在日常行为中为孩子树立遵守规则的好榜样。另一方面要让孩子了解各种规则，行人车辆要遵守交通规则，和小朋友玩游戏要遵守游戏规则，各种体育运动要遵守竞赛规则等等，并在日常生活中对如何遵守规则给予孩子监督指导。比如，孩子想荡秋千玩，可是已经有小朋友在那里正玩着呢，家长就要告诉孩子"先来后到"的规则，劝导孩子学会克制自己，陪孩子耐心等待。

4. 实践训练

心理学研究发现，采用角色扮演或者情景模拟活动，能够很好地发展孩子的自律能力。比如，孩子做手工、剪纸、画画等活动时，家长必须提出时间、质量上的要求，并持之以恒，孩子就容易形成自律能力。

5. 内疚意识

当孩子意识到自己做错了的时候，就会产生负罪感。负罪感会令孩子有强烈的自我激励和自我约束的愿望，孩子会自觉对照成人的要求，自行检查自己的行为，是自我教育的一种重要手段。比如，孩子拿着画笔兴高采烈地在雪白的墙壁上画画，家长可以对孩子这样说："这可是我们美丽的家，你看，雪白的墙壁变脏了，这可怎么办呢？我们一起动手刷干净吧。"孩子听后就会感受到负疚，孩子的自律意识就会在擦墙壁中发展起来。

荣荣妈妈，孩子自律意识的培养，不是一蹴而就的。需要家长针对孩子的心理发展特点，在日常生活中循序渐进地进行。在进行过程中，孩子难免会出现一些反复情况，家长就要多关爱、多提醒、多鼓励。我相信，经过你们的努力，孩子的自律能力一定会得到发展的。

最后，祝您全家身体健康，快乐幸福，事事如意！

此致

敬礼

殷老师

2016 年 6 月 17 日

有爱才能有奇迹
——如何培养孩子爱的能力

瑞瑞爸爸：

您好！

来信已收悉。您在来信中谈到您前几年由公司派驻国外，去年妻子患病才回国工作，两个孩子是由您妻子一手带大。大宝苏苏是个女孩，今年12岁，正在上小学五年级。苏苏从小在妈妈的教育下，很有爱心，一边上学一边还不忘照顾弟弟。妈妈患病躺在床上，苏苏就给妈妈端水送药，甚至每天还帮妈妈烧好早饭和晚饭，每次吃完晚饭后，苏苏总要对妈妈说："妈妈，您今天身体不好，就坐着休息一会儿，我来洗碗。"看到苏苏这种懂事的样子，您心中感到非常欣慰。二宝瑞瑞是个男孩，今年4岁，正在上幼儿园小班，前几天您给瑞瑞买了饼干，瑞瑞把饼干一把抓在手里，怎么也不肯给您尝一口。您故意咬了一口瑞瑞手里的饼干，结果瑞瑞大发脾气，非要您把饼干吐出来不可。看到瑞瑞一点都不懂得体贴人，您心里真不是滋味，希望瑞瑞能和姐姐一样能具有爱心，但又不知道该如何培养孩子爱的能力。

瑞瑞爸爸，爱属于情感范畴，指对待他人有同情心，会关心他人，是爱心的一种表现方式。教育家弗洛姆在《爱的艺术》一书中提出爱的要素主要由关心、责任、尊重和认识组成。关爱教育是培养幼儿良好社会性及人格品质的教育活动。幼儿期是萌发各种情感的重要时期，是培养孩子爱心的关键时期，对孩子进行爱的教育，就是让孩子懂得爱，理解爱，感受爱，让孩子学会爱别人，学会宽容。爱是一种能力，学会爱能让孩子更加坚强和善良，滋生美好的情感。

瑞瑞爸爸，现在不少家庭以孩子为中心，孩子从小感到"至高无上""唯我独尊"，长此以往会使孩子丧失爱的能力，形成自私、任性、孤僻、责任感不强等不良心理品质，影响孩子人格的健全发展。那么，如何培养孩子爱的能力？

1. 树立爱的榜样

家长的自身形象本身就是一种有效的教育因素，家长的一举一动、一言一行都会对孩子产生潜移默化的影响。家长首先应是一个善良有爱心的人，在日常生活中能切实将爱心付之于行动中。比如，主动帮助别人、孝敬长辈等等。在这样的家庭中长大的孩子更懂得如何去表达自己的诚意和友情，更善于和周围的人建立良好的关系，也更容易得到他人的爱。

2. 剔除爱的特权

任何时候，家长都不能以爱的名义给予孩子某些特权，而是要让孩子知道，爱是要相互付出的，在享受别人给予爱的同时也要懂得回报，最起码要对他人心存感激。比如，在给孩子买吃的东西时，家长要对孩子说："这些东西不是买给你一个人的，要大家一起分享。"让孩子在平等的氛围中健康成长。

3. 接受爱的表达

有些时候，孩子会送家长一些小礼物，比如，一幅画、一张贺卡或者一块饼干、一粒糖果等，家长要开心地接受这些爱的表达，并张开双手拥抱着孩子说："我很喜欢你送的礼物，谢谢你，我爱你。"切不能因为工作

忙或者不起眼，就搪塞、敷衍过去，更不能当着孩子的面说"这是什么东西呀，脏脏的，我不要"，否则孩子会感到失望、伤心，不利于提高孩子爱的能力。

4. 讲述爱的故事

心理学家研究表明，幼儿期的孩子好奇心、模仿欲、求知欲和探索精神都很强，容易受外界的影响。因此，以孩子最喜闻乐见的艺术形式对孩子进行爱心教育，符合孩子的特点，才会更容易吸引孩子注意，更有教育效果。比如，古代故事中的哭竹生笋、孝感动天、孔融让梨等，歌曲中的小乌鸦爱妈妈，古诗中的游子吟，现代一些优秀儿童读本等等，都蕴涵着美好情操的主题，而且深受孩子的喜爱。让孩子有感情地唱诵，既培养了孩子的爱心，又增长了孩子的见识。

5. 开展爱的实践

让孩子发现爱、理解爱只是爱的教育的一部分，还要让孩子学会怎样去表达爱，制造让孩子表达爱的机会。比如，重阳节为接送自己的祖辈送上温馨的康乃馨和祝福语，三八妇女节把亲手制作美丽的小花和贺卡送给妈妈，父亲节为爸爸捶捶背、揉揉肩，春节和家长一起贴春联、包饺子等等。通过这些节日活动，让孩子感受到付出爱和得到爱同样快乐。再比如，母亲上班回家，要求孩子主动说"妈妈辛苦了，请喝杯茶"；邻居小孩生病了，要求孩子主动去探望和问候；家里来小朋友了，要求孩子主动分享一些食品和玩具；灾区地震了，要求孩子寄出自己的零花钱等等，这样，把孩子心中的爱挖掘出来，让孩子感受到爱心需要行动。

瑞瑞爸爸，通过以大带小的形式，让二宝观察学习家中大宝的一言一行和一举一动，针对性地培养孩子的接纳意识和责任感。这样，从小让孩子生活在一个充满爱心的世界里，长大以后孩子才会把爱撒向世界的每个角落，到那时，世界上将处处有鸟语花香、欢声笑语。我相信，通过你们的努力，孩子爱的能力一定会得到提升的。

最后，祝您全家身体健康，快乐幸福，事事如意！

此致

敬礼

殷老师

2016 年 9 月 11 日

合群能得众人帮

——如何培养孩子的合群意识

锤锤妈妈：

　　您好！

　　来信已收到。您在来信中谈到您夫妻两人是双职工，白天都要上班，大宝萱萱是个女孩，今年5岁，正在幼儿园上中班，二宝锤锤是个男孩，今年3岁。半年前您第一次把锤锤送到小小班去上学，谁知锤锤竟抱着您的胳膊不肯进去，好不容易把他放下，锤锤竟然大哭起来。刚开始几天老师反映锤锤很不合群，几乎不和别的小朋友交往，要么独自玩玩具，要么就坐在一旁发呆。在看到锤锤有不合群的倾向后，您就开始想办法。正巧锤锤的生日快到了，您就同孩子商量："咱们请几个小朋友来家里，好吗？"没想到锤锤高兴地答应了。在一个周日的午后，您准备了一个小型的生日聚会，邀请了几个小朋友来家里，小朋友们都带来了准备好的小礼物。锤锤显然很兴奋，第一次主动给小朋友们拿东西吃，还和小朋友们一块唱生日歌，做丢手绢的游戏。那天，锤锤玩得特别高兴。以后，隔一段时间，您会把小朋友们邀请到家中，创造机会让孩子和小朋友一块儿玩，慢慢地孩子就有了玩伴。看到孩子的转变，您心里感到非常高兴，但不知道该如何更好地发展孩子合群这种积极的心理品质。

　　锤锤妈妈，合群是一种愿意与他人乃至群体在一起的倾向。儿童表现出来的亲子间依恋是合群的早期表现形式。孩子不合群既可能与先天气质有关，有些孩子属于抑郁质，表现出来就是内向、言行缓慢、优柔寡断，喜欢沉浸在自我的世界里；又可能与孩子生长环境有关，有些家长对孩子过于保护，不允许孩子和其他小朋友玩耍，也会形成对别人漠视的感觉；还可能与家长养育方式有关，有些家长对孩子过分宠爱，不准孩子上街串门。由于孩子长期失去与人交往的机会，显得很胆怯，见到陌生人就态度不自然，不会主动找小朋友玩耍，合群的品质就发展不起来。

锤锤妈妈，不合群的孩子很难与周围群体形成共同观念，很难被周围群体所认同，跟不上群体的思维步伐，会影响孩子交往能力的发展，甚至影响孩子今后社会化的进程。那么，应该如何发展孩子合群这种积极的心理品质呢？

1. 保护孩子自信

家长要为孩子创造一个良好的家庭环境，建立孩子的安全感，保护孩子的自信。家庭中既不以孩子为中心，让孩子凌驾于家庭之上；也不宜管得过严，切忌随意训斥、打骂，防止孩子形成自卑孤僻的性格，不敢与人交往。

2. 学会交往技巧

家长可以交给孩子一些一个人难以完成的任务，鼓励孩子与小朋友合作完成，或向家长求援完成，增加孩子交往的机会。在孩子与小朋友的交往中，父母要教育孩子严于律己，宽以待人，互相信赖，彼此尊重，学会交往的技巧和方法。对于爱捣乱、爱逞能、惹是生非的孩子，家长要纠正他们的行为，逐步让孩子融入集体之中。

3. 强化分享行为

心理学家斯金纳认为，强化在塑造孩子行为方面起着关键的作用。家长可以利用一些节假日或是家庭的聚会让孩子在分享中得到快乐。比如，孩子过生日时，家长和孩子一起给其他小朋友送上生日蛋糕，让孩子从他人的祝福中得到分享的快乐。这样，孩子以后出现的分享频率就会增加，分享行为就会不断进步和发展。

4. 参加体育活动

体育是一种直接与人正面接触和竞争的群体活动。不论是棋类还是球类，不论是田赛还是径赛，总是要有两个以上的人参与才有意义。鼓励孩子经常参加各种体育活动，既有利于提高孩子的身体素质，也有利于提高孩子交际能力。孩子一旦爱上体育，就会主动寻找对手，合适的对手就是友谊的伙伴。

5. 开展社会实践

利用节假日与孩子一起走出家门开展社会实践，可以增长孩子的见识，陶冶孩子的性情，培养孩子的兴趣。在社会实践中，孩子会接触到一些新的对象，了解新的交往内容，丰富的体验会增加孩子的谈资，会给以后的交际增加新的话题。

锤锤妈妈，"世界也许很小，但心的领域却是最广大的"。孩子合群的品质不是天生的，而是后天培养逐步形成的，培养的方法主要是实践。只有在实践中，孩子才能获取与人交往的技巧，发生思想、观点和感情的碰撞，受到启示，获取灵感，富有创造力。我相信，通过你们的努力，孩子合群这种积极的心理品质一定会顺利发展的。

最后，祝您全家身体健康，快乐幸福，事事如意！

此致

敬礼

殷老师

2016 年 10 月 7 日

27

规则意识护成长

——如何培养孩子的规则意识

慧慧爸爸：

您好！

来信已收悉。您在来信中谈到你们夫妻生育了两个女孩，大宝婷婷今年8岁，正在上小学一年级，婷婷从小非常聪明可爱，规则意识非常强。二宝慧慧今年3岁，将要上幼儿园。前几天，慧慧和小区里的小朋友在一起玩沙子，大家玩得正高兴的时候，慧慧把沙子抛到了玉玉的身上，还偷偷在东东的口袋里灌沙子，结果搞得大家很不高兴，纷纷拿起沙子乱扔，慧慧头上和身上都是细沙。昨天下午，慧慧和小朋友一起搭积木，当大家齐心协力将要组成房屋时，慧慧故意将房屋的柱子推倒，导致大家前功尽弃。看到慧慧这么不遵守规则，您心里感到真不是滋味，来信询问该如何培养孩子的规则意识。

慧慧爸爸，规则是人们在日常生活、学习、工作中必须遵守的科学的、合理的、合法的行为规范和准则。孩子的规则意识与社会环境的影响、家长日常的示范和孩子对规则的理解等因素有关。俗话说"没有规矩，不成方圆"。在孩子的日常生活中，处处都有规则。有了规则的约束和指导，每个孩子就会生活在不超越底线的自由状态中，生活在和谐与秩序中。然而对于幼儿时期的孩子来说，规则意识才刚刚萌芽，在日常生活中还不能自觉地遵守规则，经常出现思想与行为脱节的现象。

慧慧爸爸，守规则是孩子的基本道德标准，遵守规则的生活会节约孩

子的成长成本，保护孩子成长的自由，规则意识将影响孩子终身适应社会的程度，因此，从小对孩子进行规则意识教育是必不可少的。那么，应该如何培养孩子的规则意识呢？

1. 塑造好的形象

孩子是父母的影子，家长的一言一行或一举一动，都是孩子模仿的内容。家庭中的一些生活习惯，比如，按时作息、卫生习惯和礼貌习惯等，家长要求孩子做到的，自己首先要做到；社会生活中的要求，比如，交通规则等，家长要自觉遵守，自觉讲公共道德和秩序，以自身行为去影响孩子。

2. 做有限的选择

有限选择的方法对孩子的规则培养非常有效，家长如果不想让孩子在房间里跑来跑去，就应该让孩子选择现在是看书还是画画，而不是提出"现在我们来做什么？"等问题。这样，在规定范围内给孩子几个可选择的方向，不论孩子选择什么，他的行为都在规则之中，从而就会自然而然地接受规则。

3. 强化适宜行为

家长应当充分地尊重孩子自发的探索行为。当孩子自发的探索行为得到尊重时，孩子就会开始遵守规矩，规则就内化了。因此，当孩子出现某一符合社会期望和社会规则的行为时，家长要用激励的语言肯定孩子的行为，强化其愉快的体验，从而激发孩子再次尝试遵守规则的愿望，培养良好的社会行为。这样做，不仅有利于孩子的认知、情绪情感和社会行为的发展，而且可以为孩子将来适应更广阔的社会环境打下良好的基础。

4. 采用自然惩罚

孩子规则意识的形成，有时需要适当地让孩子接受一些自然后果惩罚，付出一定的代价以后，才能使孩子从他律走向自律。对孩子惩罚要有一定的限度，还要与说理引导相结合，要让孩子理解家长的做法和爱意。晓之以理，动之以情，再加上示以不同后果，就能使孩子慢慢感悟，变得懂事起来。

5. 要求保持一致

家里所有成员之间对孩子要求必须保持一致，让孩子没有空子可钻。比如，孩子每天必须刷牙两次，孩子必须自己洗手，孩子必须收拾玩具等等。家庭成员之间事先商议，形成一致要求，可以有效规范孩子的行为。

6. 坚持不懈努力

规则意识不是一天两天就能形成的。孩子有点反复也是正常的，但家长的要求要始终如一。不管规则怎么合理，讲得怎么细，如果不能坚持的话，一切都是零。让孩子在生活中逐步建立和完善规则，并认真执行，持之以恒，最终习惯就会成自然。

慧慧爸爸，规则是对自由和空间提出的相对限制与约束，是一种良好的规范和秩序，可以使孩子的活动得以顺利进行，发挥更大的自由度，享受到更多的乐趣。制定规则时家长需要既温柔又坚定，在具体的生活情境中帮助孩子逐渐形成明确、统一又具有可持续发展的规则意识。这样，孩子的个性和社会性才能相得益彰，才能在社会环境中获得幸福的生活和感受。我相信，通过你们的努力，孩子的规则意识一定会尽快养成的。

最后，祝您全家身体健康，快乐幸福，事事如意！

此致

敬礼

殷老师

2016 年 11 月 4 日

勇往直前不胆怯
——如何培养孩子的勇敢品质

清清妈妈：

　　您好！

　　来信已收悉。您在来信中谈到您生育了两个女孩，大宝娜娜今年 6 岁，正在幼儿园上中班。娜娜从小就受到您的严格管教，要求娜娜与人交往时不许争吵打架，要学会忍耐，谁知令您意料不到的是：娜娜居然矫枉过正，变得十分胆小内向，连维护自己权利的勇气也没有。你们发现了娜娜胆怯的问题，虽然采取了许多办法进行矫正，但效果都不理想。二宝清清今年 3 岁，虽然 1 岁时被开水烫伤了右手，至今右手还有许多疤痕，但清清却很坚强。前天您带清清到卫生防疫站打预防针，前面几个小孩一打针都哇哇地哭，怎么哄都不听，搞得房间内哭声一片。可是轮到清清打预防针时，针进去清清只撇了一下嘴，打完，针拔出，清清也没哭。看到清清的这种表现，您心里感到非常高兴，不知道应该如何培养两个孩子勇敢这种积极的心理品质。

　　清清妈妈，勇敢是指有勇气，有胆量。孩子是否勇敢与孩子先天生理因素、生活圈子、家庭环境和玩伴选择等因素有关。心理学认为，孩子感觉害怕实际上是自我力量不足，不足以和外在的力量抗衡，只能期望成人能够保护自己，长此以往就会产生恐惧心理。孩子的恐惧心理如果超过一定的量，会使大脑中枢保持长时间的紧张状态，不仅会影响大脑的发育，还会导致其他器官和系统发病，使孩子睡眠不好、消化不良、心律不齐等，甚至影响孩子的性格发展，容易形成懦弱、多疑、孤僻等不良心理品质。

清清妈妈，孩子缺乏自信和勇气，就不会有成功的预感，即使成功的机会在眼前，都有可能错过。因此，培养孩子的勇气非常重要。那么，应该如何培养孩子勇敢这种积极的心理品质呢？

1. 遵循规律，顺势而为

孩子在婴幼儿时期存在各种各样的敏感期。所谓"敏感期"是指孩子在成长过程中，由于受内在生命力的驱使，在某个时间段内，操作某一动作或学习某一项能力特别强的时期。0～1岁是口腔和手的敏感期，2岁左右是物权意识的敏感期，3～4岁的孩子进入秩序和完美的敏感期，5～6岁是崇拜的敏感期等等，只有让孩子顺利自然地度过这些敏感期，孩子才会保持健康的心态。如果不遵循孩子身心发展规律培养勇敢品质，往往会造成孩子鲁莽或者懦弱。

2. 独立活动，增强信心

家长应尽可能让孩子独立活动，比如，独立穿衣、收拾玩具、吃饭等。孩子在不断尝试过程中，意志力就能得到锻炼。如果孩子做得不好，家长也不必急忙去帮助，而应让孩子自己克服困难去解决。当孩子经过努力获得胜利的满足感时，克服困难的勇气和信心也就随之增强了。

3. 善出难题，提高逆商

家长要有意识地给孩子"出难题"，让孩子"跳一跳，摘桃子"，锻炼孩子的胆量和意志。比如，孩子怕黑，家长可以有意识地让孩子走一段夜路；孩子怕孤独，家长可以让孩子自己在家呆一段时间；在有保护的情况下，鼓励孩子登高、爬高；孩子怕见生人，就经常带孩子到公共场所活动等等。这样，让孩子在困难和挫折中成长，孩子的逆商就会得到提高。当然，家长给孩子设置的锻炼目标不能过高过大，否则孩子容易产生挫折感。

4. 组织游戏，接受挑战

著名儿童发展心理学家皮亚杰认为，任何形式的心理活动最初总是在

游戏中进行的。游戏既有挑战性，能培养孩子持之以恒地集中精力，并努力地去弄清楚问题；还可以培养孩子动手动脑解决问题，锻炼意志，产生胜任感与成就感。比如，用积木搭建筑物时，让孩子在搭建的过程中，经历倒塌，再建，最后搭建成功。这样不知不觉中就培养了孩子不达目的不罢休的恒心，既锻炼其克服困难的勇气，又能让孩子享受成功的快乐。

5. 语言暗示，正向激励

语言的暗示力量是巨大的。如果经常运用积极的语言暗示孩子，孩子就会朝着家长期望的方向不断前进。比如，"宝贝，今天玩秋千时你特别勇敢""孩子，你肯定可以自己一个人睡的"等等，这些话语会让孩子变得活泼开朗，自信大方。反之，如果说一些威胁孩子的话，比如，"再吵闹，我们不要你了""再吵，警察来抓你了""再闹，医生来打针了""快睡，大灰狼来了"等等，孩子就会缺少安全感，容易形成懦弱的性格。

清清妈妈，在培养孩子坚强勇敢的意志品质时，家长要做好孩子的表率。如果家长意志坚强，具有不怕困难、百折不挠的意志力，那么孩子也会在耳濡目染、潜移默化的过程中逐步完善自己的意志品质，变得强大起来。我相信，经过你们的努力，孩子一定会充满自信和勇气的。

最后，祝您全家身体健康，快乐幸福，事事如意！

此致

敬礼

殷老师

2016 年 11 月 11 日

滴水入海起波浪
——如何培养孩子的集体意识

松松爸爸：

您好！

来信已收悉。您在来信中谈到你们夫妻俩结婚以后，很长一段时间没有生育，无奈 4 年前领养了一个女儿苗苗，苗苗现在正在上幼儿园小班。领养苗苗后不久，妻子就怀孕了。"十月怀胎，一朝分娩"，妻子随后生下儿子松松，松松现在 3 岁。由于中年得子，你们对松松都比较宠爱，导致松松个人意识非常强烈。在小小班学习时，松松与其他小朋友经常合不来，集体意识很差。前天下午，您到小小班接松松时，老师反映今天外出活动时，松松独自离开了集体，点人数时才发现少了一个小朋友，于是老师四处寻找，发现他正蹲在楼梯处看蚂蚁，根本没意识到离开集体的可怕。看到孩子的这种表现，您心里感到有点难为情，不知道该如何培养孩子的集体意识。

松松爸爸，集体意识是指成员对集体的认同程度。它包括两层意思：一是组织内个别成员的集体意识，二是组织成员群体的集体意识，前者是后者形成和发展的基础，后者则是前者进一步培养和升华的结果。集体意识的核心是协同合作，最高境界是全体成员的向心力和凝聚力，反映的是个体利益和整体利益的统一，并进而保证组织的高效率运转。孩子集体意识的形成与家庭环境、教育方式和伙伴影响等因素有关。

松松爸爸，蒙古族有句谚语："集体的力量如钢铁，众人的智慧如日月。"

马卡连柯也说过："即使是最好的儿童，如果生活在组织不好的集体里，也会很快变成一群小野兽。"一朵花的开放，即使再小，也需要雨水的滋润，肥土的给予，阳光的普照及绿叶的衬托。一个人再伟大，也离不开团体。这充分说明了集体的重要性。那么，应该如何培养孩子的集体意识呢？

1. 在生活小事中培养

培养孩子的集体意识，从孩子身边熟悉的生活小事做起，是最有效的一种方法。比如，节假日全家一起外出郊游时，可以和孩子一起先定个活动计划，要求孩子准备水果、烧烤的调料或吃饭的小勺子等等，让孩子知道自己是家庭中的一员。如果孩子由于疏忽忘记了自己的任务，就要让孩子体验没尽责所带来的后果。这样的教育，比任何语言都有效，让孩子懂得只有具有集体意识，担当好自己的职责，做好自己分内的事情，才能使活动圆满成功。

2. 在案例故事中感受

家长既可以结合一些故事，比如《雷锋的故事》《小鸡和小鸭》等，培养孩子助人为乐的品质；也可以和孩子一起看书或看电视，遇到成功或失败的案例，让孩子分析原因，并引导孩子应该如何去做才有利于集体的成功；还可以和孩子一起观察蚂蚁搬东西，一只蚂蚁拖不动比它体积大许多倍的食物，但几只甚至几十只蚂蚁相互配合，就能拖得动了，这是集体的胜利。

3. 在游戏活动中体验

家长可以利用游戏作为纽带，来培养孩子的集体意识。比如，几个几个小朋友一起玩搭积木游戏，用几盒不同的积木混在一起，搭出不同的建筑物或小动物来。这个游戏看似简单，但如果配合不好，很容易导致前功尽弃。孩子在这些身临其境的游戏中，就会慢慢体验到什么是集体意识和合作精神。

4. 在实际情境中学习

孩子由于年龄尚小，不会自发地表现出集体意识，这就需要家长教给孩子合作的技巧。比如，在集体活动中，如何倾听他人说话，如何向他人表达自己的观点，如何向他人说谢谢和抱歉，如何向他人提出请求，如何统一当前不同的意见等等。这样，孩子掌握了交往的方法，可以有力促进孩子集体意识的形成。

5. 在分享练习中成长

学会与人分享，对于提高孩子的集体意识是很有帮助的。家长可以利用一些节假日或是家庭的聚会让孩子在分享中得到快乐。比如，过春节时，家长和孩子一起给其他小朋友送上贺年卡，让孩子从他人的祝福中得到分享的快乐。再比如，组织孩子和同伴一起玩拼图，轮流往拼板上放拼图块，当一张张美丽的拼图完成时，孩子的集体意识随着分享行为也得到了培养。

松松爸爸，任何一个人的力量都是渺小的，只有融入集体，与集体一起奋斗，才能实现个人价值的最大化，才能成就自己的卓越。幼儿时期是孩子集体意识形成的关键时期，只有遵循孩子的身心发展规律，采取多种形式加以培养，孩子的集体归属感和荣誉感才能逐步增强。我相信，通过你们的努力，孩子的集体意识一定会得到发展的。

最后，祝您全家身体健康，快乐幸福，事事如意！

此致

敬礼

殷老师

2016 年 11 月 27 日

吃水不忘挖井人
——如何培养孩子的感恩意识

佳佳爸爸：

您好！

来信已收悉。您在来信中谈到你们夫妻生育了两个孩子，儿子裴裴已经 7 岁，正在上一年级，裴裴从小就很懂得感恩长辈。妈妈下班回到家里，裴裴总是接过妈妈的包，给妈妈递上拖鞋；爷爷生病时，裴裴总会给爷爷递药送水；奶奶过生日时，裴裴会给奶奶唱生日祝福歌；前两天爸爸背疼，裴裴还抢着给爸爸捶背。女儿佳佳今年 4 岁，正在幼儿园上小班。不知怎么回事，佳佳的感恩意识就没有裴裴强，爷爷生病，佳佳无动于衷；奶奶过生日时，佳佳霸占了整个蛋糕，只顾自己吃；裴裴在给爸爸捶背时，佳佳不仅不帮忙，还在旁边搔裴裴的腋窝。看到两个孩子的这种差异，您心里感到非常纳闷，不知道该如何培养孩子的感恩意识。

佳佳爸爸，感恩是一种对他人、社会、自然等给予自己的恩惠想要报答的一种认知过程，包括感恩意识、感恩情绪和感恩行为三部分。感恩意识是指对感恩价值重要性的评价以及表达感恩期待的认知过程，即知恩；感恩情绪指伴随感恩认知过程产生的情绪体验，包括情绪强度、频率、广度和密度四个层面，即感恩；感恩行为指把感恩意识和感恩情绪反馈给外界的行为转化过程，即报恩。孩子的感恩意识与家长的示范作用、养育方式和孩子的经历过程等因素有关。

佳佳爸爸，法国社会学家涂尔干曾说过："只有学会感恩，我们才能明确责任；只有学会感恩，我们才能体味真情；只有学会感恩，我们才能享受幸福。"一颗感恩的心，就是一颗和平的种子，是人与人之间的和谐因子，是孩子健康成长的重要保证。那么，应该如何培养孩子的感恩意识呢？

1. 榜样示范法

家长在日常生活中的一言一行，都会潜移默化地对孩子产生影响，这也就是常说的言传身教。所以，平时无论工作再忙再累，在假期家长要带上孩子去看望双方的老人；春暖花开时，家长要带上孩子一起陪老人去公园走走，看看树，赏赏花，聊聊天；过年过节时，家长要和孩子一起为老人选购礼物；吃饭时，让长辈先吃；朋友送来的美食，先给老人留出一份等等。这样，孩子就会在不知不觉中受到感染，这些关爱的行为也会深深地印刻在孩子的心中。

2. 故事熏陶法

古今中外，有许多感恩的故事，比如《羊羔跪乳》《乌鸦反哺》《陈毅探母》和《吃水不忘挖井人》等等。经常讲给孩子听，唤醒孩子心灵深处感恩的善根，让孩子在故事中受到熏陶，心灵得到净化，可以促使孩子感恩心理的形成。

3. 角色互换法

家长可以在家庭中开展角色互换的亲子游戏，让孩子学会设身处地当一天家长。比如，家长可以学做孩子，要求孩子倒水、挠痒、脱鞋子，让孩子明白平时的娇惯行为是不正确的。通过当一天家长，今后孩子发生类似行为时，就会先想一想："我这样叫爸爸妈妈给我做这做那，他们是不是很辛苦？"

4. 节日教育法

每年的父亲节、母亲节、重阳节等节日是对孩子进行感恩教育的最好时机。比如，"六一"儿童节来临时，家长可以事先跟孩子说："儿童节是你的节日，爸爸妈妈都给了你礼物。马上就要到父亲节了，你是不是也应

该送爸爸礼物，让爸爸高兴高兴呢？"当收到孩子礼物时，要记得对孩子的努力表示感谢："谢谢你，你这么爱爸爸，真让爸爸感到高兴！"这些话语都让孩子从被感谢中感到快乐，从而更愿意去帮助别人。

5. 实践锻炼法

家庭实践是培养孩子感恩意识最好的方法。爷爷奶奶买菜回来时，家长可以要求孩子搬张椅子请爷爷奶奶坐坐，让他们缓解疲劳；当爷爷奶奶在家里做好了饭菜，家长可以要求孩子主动去盛饭；当爷爷奶奶生病住院时，家长要带着孩子到医院探望。这样在实践中培养孩子的感恩意识，有助于孩子今后健康快乐地成长。

佳佳爸爸，幼儿期是孩子形成良好情感的重要时期，开展感恩教育不仅有利于孩子身心健康，而且有利于建立和谐的人际关系。从小给孩子的心灵播下感恩的种子，让孩子对一切美好的事物心存感激，那孩子将会以坦荡的心境和开阔的胸怀来应对生活中的酸甜苦辣，坚定自信地走好人生的每一步。我相信，通过你们的努力，孩子的感恩意识一定会得到发展的。

最后，祝您全家身体健康，快乐幸福，事事如意！

此致

敬礼

殷老师
2016 年 12 月 1 日

学习辅导编

再次滔来的智慧

写给二孩家长的60封信

31

过高期望增负担
——如何给予孩子合理期望

悠悠爸爸：

　　您好！

　　来信已收悉。您在来信中谈到您夫妻两人都是普通工人，家庭经济收入一般。大儿子点点今年 13 岁，正在上小学五年级，由于先天高度近视，点点的学习成绩一直在班级倒数几名，你们对点点的学业也不抱什么期望，只希望他能顺利读完初中就可以。小儿子悠悠今年 6 岁，正在幼儿园上中班，悠悠从小就聪明可爱，在幼儿园表现也相当优秀，经常受到老师的表扬。你们希望家里能出一个读书人改变家庭的面貌，眼看点点是指望不上了，你们迫切希望悠悠能够成才，今后能够进入名牌大学学习。为此，你们今年暑假就想让悠悠学习一年级的拼音和算术。但又听人说，对孩子期望过高，过早让孩子学习小学内容会得不偿失。为此，你们感到左右为难，不知道家长应该给予孩子怎样的期望。

　　悠悠爸爸，期望是人们对目标任务勾画出的一种标准，达到了这个标准就是达到了期望值。这个标准确定得如何，直接关系到目标任务的完成，影响着家长对子女的教育行为和培养方向。由于现在社会竞争激烈，孩子在竞争中的胜败关系到家庭的兴衰，不少家长存在着一种输不起的心态，再加上有些家长希望孩子补偿自己未完成的理想，往往会对孩子期望过高，给孩子造成很大的心理压力，容易导致孩子学习的失败，这就是所谓的期望越大失望也就越大的道理。

悠悠爸爸，家长对孩子期望合理，有利于激发孩子学习动力，增强成功信念；期望过高或过低，都会阻碍任务的完成，严重挫伤孩子的自尊心与自信心，降低教育效果，影响亲子关系。那么，应该如何给予孩子合理的期望呢？

1. 拓宽渠道，合理规划

以智能高低、学业成绩的好坏作为衡量孩子是否成功、将来是否有前途是现代社会的流行病。但事实上，衡量一个人的成功与否具有许多评价标准。很久以前在罗马，有个孩子因为学习不那么理想，成天郁郁寡欢。一次，父亲把他带上罗马一座高高教堂的塔顶。"往下瞧瞧吧，亲爱的孩子。"父亲指着像蜘蛛网般的街道说，"通向广场的路不止一条，生活也是一样。假如你发现这条路达不到目的地，那就走另一条路试试！"家长对孩子的期望不能仅局限于学习成绩，而应多方面权衡，争取让孩子得到更好的发展。

2. 依据实际，正确设置

心理学研究表明，压力与焦虑水平成正相关，而焦虑水平 = 期望值 / 实际水平，因此，期望值与压力也成正相关。家长对孩子的期望越高，孩子所承受的压力就越大，如果这种压力超出了孩子的承受范围，那就会给孩子造成身体或心理上的伤害。因此，家长要根据孩子的实际水平，在评估孩子的智能特点、兴趣范围、个性特征的基础上，在分析孩子的优势和不足的前提下，合理设置孩子的期望值，并根据最近发展区的规律，将期望控制在"跳一跳，够得着"的范围内，设置孩子通过努力可以达到的目标和期望。

3. 要求明确，便于操作

家长提出的期望一定要具体明确，容易操作。比如，如果家长要孩子做家务，不要笼统地告诉孩子整理自己的衣柜，而采用把任务分解成几个步骤的方法：把睡衣放进衣柜第一个抽屉里，把 T 恤放进第二个抽屉，最后再把裤子放进另一个抽屉中。这样孩子就能完全领会家长的要求了。这

个要求并不太高而且有具体明确的指导，通过孩子的努力能够实现，并容易保持下来。

4. 合理期望，合适表达

家长对孩子表达期望时一定要合适，切忌唠叨、过分关心、过分干涉和盲目攀比。家长经常唠叨，天天提醒孩子，孩子得不到心理的放松，很容易产生厌烦情绪并躲避家长；家长过分关心孩子的学习，说话轻声轻语，行动小心翼翼，孩子只能感受到沉闷和压抑；家长害怕孩子被其他事情干扰，精力分散，对孩子进行过多的限制，使得孩子没有一点自由，只能听从家长的安排，容易引起孩子内心的不满和反抗，导致亲子关系紧张或发生冲突；家长会拿自己的孩子和同事、邻居的孩子对比，这种攀比只会让孩子产生反感，带来适得其反的效果。

5. 鼓励信任，实现期望

在孩子为合理的期望而努力的时候，家长要给予孩子信任并认可他的努力过程，这样家长的期望才会渐渐内化为孩子的期望，产生更大的促进作用。

悠悠爸爸，家长的期望有可能变成孩子学习的动力，也有可能变成孩子学习的阻力。因此，家长有必要正确面对客观现实，实事求是地根据孩子的实际情况制定合适的期望，既不盲目攀比，也不拔苗助长，只要孩子尽自己的力量努力去学，不管达到什么程度家长都要坦然地接受现实，只有这样才能真正地帮助孩子成长。我相信，经过你们的努力，一定会给予孩子合理的期望的。

最后，祝您全家身体健康，快乐幸福，事事如意！

此致

敬礼

殷老师
2015 年 3 月 20 日

兴趣是个好老师
——如何培养孩子的学习兴趣

雅雅爸爸:

您好!

来信已收悉。您在来信中谈到你家小女儿雅雅,现在才38个月,却对学习产生了浓厚的兴趣,喜欢亲自去探究。上周日,天下着蒙蒙小雨,雅雅妈妈就对雅雅说:"雅雅,快看,天正在下雨。"结果雅雅非要挣脱妈妈的怀抱不可,来到室外淋雨,看到地上的水流还用手去摸一摸,还搬来小石块小砖头挡住水流,看看会发生什么。昨天下午雅雅无意中发现了吸尘器的"妙用",她开始像妈妈一样打开开关,聆听那嗡嗡的声音,把地上的许多纸屑吸进了吸尘器的"肚子"里,还要拿着吸尘器去吸大米、绿豆、花生。看到孩子这样一种好奇心很浓的样子,您感到非常高兴,希望孩子在接下来的幼儿园学习中也能产生浓厚的兴趣,但不知道该怎样培养孩子的学习兴趣。

雅雅爸爸,兴趣是指人们力求认识某种事物和从事某项活动的意识倾向。它表现为人们对某件事物、某项活动的选择性态度和积极的情绪反应。幼儿时期孩子的学习兴趣是其情感的表达形式,也是学习和实践的原动力,具有不稳定性、可塑性和广阔性等特点。兴趣在人的实践活动中具有重要的意义,可以使人集中注意力,产生愉快紧张的心理状态。孩子学习的兴趣与学习环境、家长期望、教学方式和孩子自身能力等因素有关。

雅雅爸爸,心理学家认为,孩子如果对学习产生了浓厚的兴趣,便会

自觉自愿地去探索，并能产生惊人的毅力，使其以专注的态度和忘我的精神从事学习活动。因此，兴趣对孩子的学习进步和心理成长起着重要的作用。那么，应该如何培养孩子的学习兴趣呢？

1. 鼓励孩子发问

要激发孩子的学习兴趣，首先要培养孩子的好奇心。因此，家长要有意识地引导孩子到大自然中观察日月星辰、山川河流。比如春天可带孩子去观察小树以及其他植物的生长情况；夏天带孩子去游泳、爬山；秋天带他们去观察树叶的变化；冬天又可引导他们去观察人们衣着的变化，看雪花纷飞的景象。孩子通过参加各种活动开阔了眼界，丰富了感性认识，提高了学习兴趣。家长还要指导孩子参加一些实践活动，比如，让孩子自己收集各种种子、搞发芽的试验、栽种盆花；也可饲养些小动物。随着孩子年龄的增长，可以启发他们把看到的、听到的画出来，并鼓励他们阅读有关图书，学会提出问题，学会到书中找答案。这样，孩子的兴趣变广了，知识面扩大了，学习能力也在不知不觉中提高了。同时，家长面对孩子的探究行为，要尽可能地提供支持，比如，孩子想探究影子的原因，家长就可以和孩子一起查阅相关的书籍或进行实验，有意识地向孩子提出一些问题，让孩子去思考，去找答案。

2. 控制学习难度

心理学研究表明，当孩子面对难度过大的任务时，想要取得成就的动机水平就会过高，这会让孩子感到紧张焦虑，不利于思维的发挥。而任务太容易，轻而易举地就取得成功也不容易调动积极性。那种对孩子来说能取得成功但要付出一定努力的任务最能激起孩子适宜程度的动机水平。这样，孩子不仅喜欢去做，并且能从成功中获得满足，增强自信。因此，家长给孩子布置学习任务时，要切实可行，在孩子原有基础上提出稍高的要求，让孩子"跳一跳，摘到桃"。这样，孩子就能体会到进步的快乐。

3. 时间不宜过长

由于家长对孩子的期望过高，希望孩子学习、学习、再学习，只要孩子端坐在书桌前，不管其效率如何，家长就感到欣慰。殊不知，这种做法很危险。无视孩子的心理特点，任意延长学习时间的做法会使孩子把学习和游戏对立起来，厌恶学习，对学习没有兴趣，还会养成磨蹭、注意力不集中的坏习惯。因此，家长切莫目光短浅，舍本逐末，不能忘记培养孩子的学习兴趣是头等大事。

4. 不断获得成功

成功是使孩子感到满足，并愿意继续学习的一种动力。孩子一旦获得成功，就感到满足，并愿意继续学下去。因此，家长应该鼓励孩子，帮助孩子体验到成功的喜悦，当孩子完成每一个小目标时就会有兴趣、有信心去实现下一个目标。比如，孩子学习搭积木时，家长可以先设计孩子搭建的图案，再将图案分割成若干部分，当孩子完成一部分时，家长就给予鼓励，帮助孩子收获成就感。

5. 扮演不同角色

家长可以与孩子互换角色，让孩子做老师去教家长。这时，孩子站在家长的立场，就会充满兴趣地学习知识，以教好"学生"。家长还可以与孩子一起学习，比如，和孩子一起比赛背《静夜思》，在竞争的气氛中孩子就会对学习产生浓厚兴趣。

雅雅爸爸，只有肥沃的土壤才能长出好庄稼，只有良好的家庭环境才可能培养出聪明活泼的孩子。家长应了解孩子的兴趣所在，根据孩子的年龄特点，针对孩子的兴趣有的放矢地加以培养，使兴趣在个人成长道路上发挥最大的动力作用。我相信，通过你们的努力，孩子的学习兴趣一定会得到进一步发展的。

最后，祝您全家身体健康，快乐幸福，事事如意！

此致

敬礼

殷老师
2015 年 4 月 27 日

发掘天赋展特长
——如何培养孩子的特长爱好

洋洋妈妈：

　　您好！

　　来信已收悉。您在来信中谈到您生育了两个儿子，大儿子斌斌今年13岁，正在上小学六年级，学习成绩较好，就是没有什么兴趣特长。斌斌看到班级里不少同学有的钢琴弹奏得很好，有的舞蹈跳得很好，有的跆拳道打得很好，有的书法作品屡屡获奖，心里非常羡慕，总埋怨爸爸妈妈从小没培养他的特长。听到斌斌的埋怨，你们心里真不是滋味。小儿子洋洋现在3岁，聪明伶俐，人见人爱，今年秋季洋洋将要进入幼儿园，为了避免出现斌斌没有特长的情况，你们决定在为斌斌亡羊补牢培养兴趣爱好的同时，从现在开始就培养洋洋的特长，但不知道该如何培养孩子的特长。

　　洋洋妈妈，特长是指特别擅长的技艺或兴趣、研究等。简单地说，就是特别的长处。孩子的个性品质、兴趣爱好和家庭环境都会对孩子的特长培养产生影响。每个孩子都是具有发展潜能的个体，这种潜能是具有隐藏性的，要转化成现实需要依靠教育以及外部相关环境因素的积极作用。有的放矢地培养孩子的特长，可以把孩子的这种潜能转化为现实，发展成孩子的兴趣爱好。

　　洋洋妈妈，科学地培养孩子的特长有利于增强孩子的自信，帮助孩子带来生活乐趣；有利于激发孩子的好奇心，培养创造性；有利于挖掘孩子的潜能，提高综合素质。但是，特长培养应该符合孩子的身心发展规律，在符合孩子的自然天性中进行。不少家长由于自身的补偿心理、攀比心理、从众心理、虚荣心理、期望心理和担忧心理等作怪，在孩子特长教育时往往拔苗助长，导致孩子厌学，甚至追求极端，导致孩子发展缺陷。那么，应该如何科学地对孩子进行特长教育呢？

1. 找准孩子的天赋特长

如果孩子对某个方面有兴趣，就会轻松愉悦地去学习，就能在学习的过程中获得成就感，充满学习的激情和动力。因此，家长要在日常生活中多观察、多发现，了解孩子特长发展的潜能，帮助孩子找准兴趣点。切忌为了将自己的孩子与其他孩子在智力、能力、生活条件等方面进行比较，或者为了"望子成龙""望女成凤"，不尊重孩子的意愿，把一些兴趣、特长强加到孩子身上，剥夺孩子的自由和时间。

2. 遵循孩子的身心规律

心理学研究表明，3岁以上的孩子才会出现某种能力的定向，而3岁以下的孩子专注力不够，兴趣点广泛而不持久。只有遵循孩子的身心发展规律，抓住特长发展的敏感期，给以相应的培养，效果才会更好。一般来说，学绘画3岁左右较适当，学体操3岁左右较适当，学围棋3~4岁较适当，学钢琴4~5岁较适当，学古典舞蹈4~5岁较适当，学小提琴5~6岁较适当等等。家长切不可过分超前，拔苗助长，导致弄巧成拙。

3. 力求天赋的充分发挥

有的家长既让孩子学舞蹈，又让孩子学画画，还让孩子学武术。这样虽然孩子各个专业都有所涉猎，但大多都是蜻蜓点水、囫囵吞枣，没有一个能真正掌握，起不到让孩子发挥特长的作用，反而把过多的重负压在孩子身上，让孩子变得浮躁。因此，特长培养切忌贪多求全，应该把孩子的潜质充分挖掘出来，让孩子的天分得到充分发挥。

4. 采用科学的教育方法

特长教育不同于文化教育，其主要是培养孩子对某些技能学习的兴趣，所以在教育过程中要松紧有度，给予孩子适度的空间，让孩子在玩中

学，这样才能取得良好的教育效果。如果在孩子特长学习生厌时，家长采取"高压政策"，强迫压制孩子去坚持，结果往往是事与愿违，反而不利于孩子的特长培养。

5. 适当鼓励孩子坚持

贝多芬曾说过："涓滴之水终可以磨损大石，不是由于它力量强大，而是由于昼夜不舍的滴坠。"同样，孩子的特长教育也是需要时间和精力的。孩子年龄小，缺乏足够的耐性和毅力，有时候孩子会打退堂鼓，所以就需要家长正确地引导和鼓励，告诉孩子要去坚持，要始终如一，否则只能是前功尽弃。

洋洋妈妈，家长在培养孩子拥有特长的同时，要想方设法培养孩子克服困难、抵御诱惑、战胜不良情绪、提高做事的毅力等等一些优良品质，这将是获得今后学习和事业成功的主要能力。只有这样，孩子才会学有成就，绽放属于自己的风采。我相信，经过你们的努力，孩子的特长一定会成功发展的。

最后，祝您全家身体健康，快乐幸福，事事如意！

此致

敬礼

殷老师

2015 年 6 月 5 日

34

学好语言打基础
——如何发展孩子的语言智能

欣欣爸爸：

您好！

来信已收悉。您在来信中谈到您养育了一儿一女，儿子已经上小学六年级了，女儿欣欣才 28 个月。欣欣生下来不到一年，你们夫妻两人就去外地打工，欣欣一直由爷爷奶奶抚养，由于爷爷奶奶平时都沉默寡言，欣欣直到 23 个月才开始说话，而且不爱与同伴玩耍。最近，由于工厂放假，您回到老家，发现欣欣掌握的字词和短语非常少，而且不主动与人交往，小朋友和她说话时，她要么不理会，要么推开小朋友，甚至用双手捂着脸哭。面对孩子的这种情况，您心里非常着急，但又不知道该如何提高孩子的语言表达能力。

欣欣爸爸，语言智能是读、写和言语交流的能力。哈佛大学心理学家加德纳提出的多元智能理念告诉我们，孩子的智能不仅止于一种，而是包含语言、音乐、人际、自省、自然观察、身体运动、空间和数学逻辑这八种。在这八种智能中，语言智能被列为第一种智能，是因为语言是人类最广泛分享的一种智能。孩子语言智能发展过慢可能与生理原因有关，如果因为生理原因的话，就要及时去医院治疗；也有可能与语言环境有关，家庭给孩子提供的语言环境太过单调或太过复杂，孩子没有得到有效的刺激，会导致语言发展的滞后；还有可能与心理原因有关，孩子说话时正面鼓励少，负面强化多，孩子就不再愿意交流，导致孩子语言发展迟缓。

欣欣爸爸，婴儿期是孩子口语发展的最佳期，如果这时候孩子语言发展迟缓，孩子就很难解释清楚自己的活动，也很难说服他人，就会影响孩子记忆力的发展，甚至影响孩子今后的社会化进程。那么，应该如何提高孩子的语言智能呢？

1. 多听多说

孩子是凭感觉学语言的，家长的神情、动作、声音，都能帮助孩子领会其中的意义。家长要多讲故事给孩子听，或借助声像设备让孩子边听边说，逐渐引导孩子把心理活动指向到说话上，激发孩子说话的兴趣。同时，要鼓励孩子多说，不管孩子说什么，怎么难以理解，家长不能有丝毫的不耐烦，而应表现出极大的兴趣仔细地倾听。

2. 多记多教

家长要搜集孩子语言表达中所用的词汇和短语，了解孩子掌握的情况，制订辅导计划，有针对性地训练孩子。辅导时要遵循由简到繁、由易到难的原则，先从一个词语教起，然后从词语到短语，再到句子，这样循序渐进、持之以恒地练习，孩子语言表达的词汇和技能就会发展起来。

3. 多看多画

观察是思考和表达的基础和前提，孩子由于年龄小，受知觉影响，观察能力比较弱。这时家长就要指导孩子学会观察，按图像或事情的顺序说话。比如，对于《小白兔》这张图片，家长要引导孩子从小白兔的长耳朵、红眼睛、短尾巴等，从头到脚地观察。这样，孩子掌握了一定的观察方法，表达时就能言之有物，思维清晰。涂鸦也是一种训练语言很好的方法，因为在涂鸦时孩子会自言自语，想象力会得到相应的发展。

4. 多玩多动

游戏是一种最好的亲子交流和提升孩子口头与书面语言能力的方式。孩子在同家长游戏的过程中，家长说的话、做的动作以及表情等，都会激发孩子极大的学习兴趣。孩子与孩子之间的游戏也有益于语言的发展，即使是两个孩子坐在一起各自搭着各自的积木，他们的自言自语也会很快发展为你一言、我一语，产生相互交流。

5. 多笑多抱

家长应主动地给予孩子更多的关注、更多的关心和更多的爱抚，给孩子一次抚摸、一个拥抱或一个微笑，可以使孩子感到安全、感到温暖、感到可信可亲，建立孩子的安全感，让孩子找到归属感，逐渐消除孩子紧张戒备的心理，让孩子在轻松愉快的氛围中说话做事。

欣欣爸爸，要发展孩子的语言智能，需要家长努力创造条件，增加与孩子相处的时间，扩大孩子的生活范围，教会孩子语言表达的方法，引导孩子主动地运用语言去交往，这样才能矫正隔代抚养带来的问题，促使孩子社会认识能力和语言表达能力的发展。我相信，经过你们的努力，欣欣的语言智能一定会提高的。

最后，祝您全家身体健康，快乐幸福，事事如意！

此致

敬礼

殷老师

2015 年 9 月 20 日

认知空间拓想象

——如何发展孩子的空间智能

晶晶爸爸：

您好！

来信已收悉。您在来信中谈到您的大宝盈盈已经 11 岁，正在上小学四年级，学习成绩一般，特别对图形识别和计算能力较差。小女儿晶晶出生才 18 个月。您本人从小空间感就不好，上学时学习立体几何，经常搞不清线段和图形的方位，考试成绩很不理想；去新的城市旅游，经常搞不清楚东南西北，容易迷路。大女儿从小没注意培养，现在发现空间智能也有点问题。眼看小女儿晶晶一天一天在长大，您希望从小就培养孩子良好的空间智能，但不知道该如何发展孩子的空间智能。

晶晶爸爸，空间智能从狭义上讲指的是对空间方位的感知能力，而从广义看不再单纯的是人对空间方位的感知，还包括视觉辨别能力、形象思维能力两个方面，是指具有准确感觉视觉空间，并且能把所知觉到的形象表现出来的能力。孩子空间智能的发展主要分为两个方面，即理解空间和表述空间。空间智能强的孩子对色彩的感觉很敏锐，喜欢玩拼图、走迷宫之类的视觉游戏；喜欢想象、设计及随手涂鸦，喜欢看书中的插图，观察非常敏锐，善于辨识人的面貌以及物体、形状、颜色、景物等。如果孩子在空间智能发展的关键期没有得到很好的关注，就会感到烦躁不安，对身心健康不利。

晶晶爸爸，空间智能是生活中的一项基本能力。培养孩子的空间智能有利于发展孩子的观察能力，促进孩子对事物观察的敏感性和准确性；有利于培养孩子的艺术能力，使孩子能更加容易感受到生活中的美，拥有积极的心态；有利于提高孩子的安全感和自我保护能力；有利于提高孩子的想象力、创造力和数学能力。那么，应该如何发展孩子的空间智能呢？

1. 找相应地点

1~2岁的孩子能够熟练地爬，开始蹒跚学步，而且乐此不疲，对周围的任何事物都充满好奇。家长一方面可以给孩子创造一个安全的爬和学走的环境，让孩子在爬和走的过程中，进一步明确空间的意识。另一方面让孩子根据家长的指令，比如"在阳台上""在床底下""在衣柜里面"等，迅速地找到相应地点的东西，用各就各位的方法提升孩子的空间秩序感。

2. 让玩具回家

家长应把孩子的用品和玩具放在固定的地方，帮助孩子建立物品与空间之间的定位关系，如果哪天发现物品不在原处，就与孩子一起找，"让迷路的玩具回家"。

3. 指插图内容

家长和孩子一起看图画书时，一方面要引导孩子说出书中的插图都画了些什么，指出的东西越多越好；另一方面要孩子说说相似的两幅画上有什么东西画得不一样，以此来培养孩子的日常观察能力。

4. 认回家道路

如果超市离家不远，家长就不要开车带孩子到超市去。应带着孩子走着去，到了超市以后，家长也不要把孩子放在手推车上，使孩子失去主动认路的机会。返回时让孩子给家长带路从超市走回家，帮助孩子准确找到需要拐弯的路口，找到小区的门口，让孩子摁电梯楼层找到自己的家。

5. 辨空间方位

家长通过帮助孩子辨认空间方位，可以发展孩子的空间智能。比如，从上面的抽屉里拿到尺子，从下面的抽屉里拿到袜子；搭积木时，引导孩子把积木放在前面还是放在后面；在拼图时，把动物的头放在上面或前面，

把脚放在下面或后面，把房顶和有天空的片块放在上面，把土地的片块放在下面。通过日常的活动和游戏，孩子能分清上下、前后、里外等不同的空间方位。

6. 画熟悉物品

孩子学画经过两个阶段：无意阶段和有意阶段。涂鸦是无意地乱画，是孩子初步感受、掌握纸和笔的功能和用途，家长可引导孩子将画画的无意行为渐渐成为有意行为。比如，孩子最初大多喜欢随手画各种大小的圈，家长可以在圈上画一个梗，告诉孩子这是苹果。这种情况下，孩子就会很高兴，不停地让家长说像什么。慢慢地，孩子就会有意画一些自己事先想好的事物，使画画成为有意义的事。在鼓励孩子绘画时，家长可以把孩子的画挂在家里的墙壁上，让大家欣赏，让孩子产生自豪感，树立孩子画画的自信心。

晶晶爸爸，人类存活在一个有限的空间里，却利用无限的想象力创造出了更加美好的世界。作为人类享受和驾驭高质量生活的一种基本能力，空间智能不但有利于发展孩子的观察能力，促进对事物观察的敏感性和准确性，还有利于培养孩子的艺术能力，发现和感受生活中更多美好的东西。让孩子的眼睛敏感起来，让孩子的头脑活跃起来，孩子的空间智能就会发展起来。我相信，通过你们的努力，孩子的空间智能一定会很快提高的。

最后，祝您全家身体健康，快乐幸福，事事如意！

此致

敬礼

殷老师

2015 年 10 月 27 日

智慧来自于思维

——如何培养孩子的思维能力

姜姜妈妈:

　　您好!

　　来信已收悉。您在来信中谈到您儿子博博今年 12 岁,正在上小学五年级,女儿姜姜才 3 岁,将要上幼儿园。经过您平时观察,发现姜姜对背诗和儿歌特别感兴趣,唐诗已经能够背诵好几首,儿歌也背得有韵有调,而且姜姜语言表达能力也发展得很快,平时伶牙俐齿,能说会道。但就是对数学和推理不感兴趣,数数有时都会出错,回答数学问题有时模棱两可,甚至一窍不通。看到女儿这种智力发展情况,您有喜有忧,不知道该如何培养孩子的数学思维能力。

　　姜姜妈妈,思维是人脑对客观事物间接概括的反应。幼儿时期是培养锻炼孩子思维能力的最佳时期,孩子思维发展处于直观行动思维向具体形象思维的递进发展过程中,并且抽象逻辑思维已经萌芽,这一时期孩子的思维急速发展,思维框架尚未定型,可塑性很强。因此,有意识、有计划地对孩子进行科学的思维训练,能起到事半功倍的作用,为日后孩子各项能力的发展,特别是智力和思维能力的发展奠定坚实的基础。

　　姜姜妈妈,幼儿阶段孩子的抽象思维尚处于萌芽状态,对数学方法和数学运算存在着一定的困难,拔苗助长只会打击孩子数学学习的兴趣,反而起不到应有的效果。因此,家长应遵循孩子思维的发展规律,科学合理地培养孩子的数学思维能力。那么,应该如何培养孩子的数学思维

能力呢？

1. 创造机会计数

家长陪孩子上楼梯时，可以大声计算阶梯的数量："一层、二层、三层、四层……哇，你自己走了十二层楼梯！"吃葡萄的时候可以大声说："这里有一、二、三、四、五……八颗葡萄，你要吃几颗？三颗好不好？一、二、三颗葡萄给你！吃完了这三颗还要的话，妈妈再给你，妈妈这里还有一、二、三、四、五颗葡萄等着你。"经常这样计数，孩子自然地就会对数字形成基本概念。

2. 讲带数字的故事

经常给孩子讲一些带数字的故事，可以增强孩子对数字的印象。比如，"小明的猫生了五只小猫，有两只是黑色的，三只是小花猫，它们都住在小明的床下。""今天是老师的生日，小朋友都向老师祝贺生日，老师很高兴，分给小朋友每人两个橘子，老师说：'两个橘子，一个自己吃，留下一个回家送给妈妈吃。'"这样，在耳濡目染中，孩子就会对数字产生兴趣，开始尝试解决简单的数学问题。

3. 开展数学游戏

数学并不只限于算术上的加减乘除，还包括图形和空间等。家长在教孩子图形时，最简易有趣又有效的游戏就是拼图。拼图有很多种：有一种是一组组的几何形拼块，可以拼入不同形状的几何框框里；有一种由一幅图画切成各种形状的小块，拼合后会出现原来的一幅画；还有一种是中国的七巧板，可以拼出各式各样的图形。任何一种拼图游戏都能帮助孩子加强对形状差异的观察和辨别能力，提升孩子的数学智能。搭积木也是很重要的数学游戏，大部分孩子开始只会把积木堆高或排长，当孩子会用积木造桥、造车或创造其他形状结构时，平面图形和立体几何的知识就在孩子大脑中萌芽了。

4. 建立时间概念

时间也是很重要的数学内容，孩子的时间观念很模糊，掌握一些表示时间的词语，理解其含义，对孩子来说，是十分必要的。比如，告诉孩子太阳升起来，又落下去了，这是一天的时间；时钟的短针从七点又转到七点，也是一天的时间；树从发出新叶，到落叶了，到又要发新芽了，这是一年的时间，等等。等孩子建立了时间概念，孩子的数学思维能力也会随之提高。

5. 学会分类排序

分类排序比较是发展孩子数学推理能力的一种重要方法，引导孩子根据物体的颜色、形状、用途等不同的标准来分类，能够培养孩子的概括能力；引导孩子按从大到小、从远到近等进行排序，可以帮助孩子建立比较的概念；引导孩子建立群体的名称，了解大群体包含了许多小群体，小群体组合成了大群体，可以帮助孩子建立集合的概念。

姜姜妈妈，数学思维能力是孩子智力的重要组成部分，是孩子成才最重要的智力因素之一。家长要努力捕捉每一个培养数学思维能力的机会，在孩子自然成长的过程中结合生活实际给予无形的引导，提高孩子数学思维的敏捷性、深刻性、创造性和灵活性，提高孩子分析问题和解决问题的能力，全面提升孩子素质，使孩子更好地面对今后的学习生活。我相信，经过你们的努力，孩子的数学思维能力一定会得到提升的。

最后，祝您全家身体健康，快乐幸福，事事如意！

此致

敬礼

殷老师

2015 年 11 月 17 日

音乐成就美和善

——如何培养孩子的音乐智能

翩翩妈妈:

您好!

来信已收悉。您在来信中谈到您夫妻两人生育了两个孩子,儿子咚咚今年8岁,正在上小学一年级,女儿翩翩出生才12个月。女儿翩翩出生以后,你们夫妻俩希望女儿气质高雅,才艺出众,生活更有情调。因此,希望翩翩长大以后能通音律,有音乐方面的特长。您听说一些孩子在1岁左右就能够随音乐节奏而动,但在播放音乐时,您发现翩翩对音乐好像没有反应,心里感到有些着急,不知道该如何培养孩子的音乐智能。

翩翩妈妈,音乐智能是指觉察、辨别、表现与表达、创造音乐的能力,包括对音高、节奏、音长和音色的敏感性。音乐智能的高低与孩子的天赋、兴趣和环境影响等因素有关。一个孩子的音乐智能的发展可以分为三个阶段:第一阶段是喜欢听音乐,第二阶段能够正确且富有感情地演唱或演奏出旋律,第三阶段能够作词谱曲,以抒发情感。1岁左右孩子的音乐智能主要是培养其对音乐的节奏感和敏感性。

翩翩妈妈,培养孩子的音乐智能,可以陶冶孩子的情操,使孩子精神愉快,在人生的道路上充满乐观自信,有助于孩子创新思维的发展,有助于孩子在其他领域中的潜能获得充分发展,从而达到身心健康和谐地发展。那么,应该如何提高1岁左右孩子的音乐智能呢?

1. 播放背景音乐

家长可以有意识地根据不同情境播放不同的背景音乐，培养孩子对音乐的兴趣。比如，早上起床时播放轻快但能振奋精神的音乐，晚上睡觉前播放轻柔的乐曲，吃饭时可以给孩子播放古典音乐，游戏玩耍时可以播放欢乐的乐曲，节日期间播放一些配合气氛的歌曲，让孩子在潜移默化中感受音乐世界的无穷魅力。不过，家长选择音乐时，一定要注意这些乐曲不能高分贝或者是噪声，否则不但会损害孩子的听力，还会影响孩子的聆听兴趣；乐曲要符合情境，不要在孩子兴奋玩耍时放摇篮曲；放音乐的时间要持之以恒，不要时断时续。这样，才能使孩子长期聆听后，产生熟悉的感觉，体会到乐曲中的节拍、音调及强弱。

2. 玩音响玩具

孩子喜欢能发出声音的玩具，比如花铃棒、小铃铛、八音盒、能发声的不倒翁、小兔子打鼓、音乐旋转盘等音响玩具，尤其喜欢自动播放歌曲的八音盒，孩子会努力地学会操纵这些玩具，让它随时播放音乐，聆听这些音乐。

3. 玩节奏游戏

在欣赏音乐时，孩子经常会不由自主地摇动身体，或者动手踢脚，带着快乐的表情来应和，刚开始不见得与音乐合拍，只是表示心情快乐而已。这时家长可拉着孩子的手或脚，按着节拍活动，逐渐使孩子的活动与音乐合拍。当孩子记住放哪一段音乐要动手，哪一段音乐要动脚，哪一段音乐要抬起头来，就会由被动适应慢慢变成主动游戏了。

4. 模仿各种声音

1岁前后，孩子会发出声音，这时孩子特别喜欢模仿声音。比如，模仿动物叫，小猫喵喵，小狗汪汪，小鸭嘎嘎，小羊咩咩等；模仿水哗哗地流，雨淅沥沥地下，风呼呼地吹，汽车嘀嘀地叫，飞机隆隆地飞，火车轰隆隆地开；模仿客人敲门声，电话铃的响声，厨房里的剁菜声。孩子在模仿发声时，会理解声音的来源，懂得是什么声音。

5. 演奏身边的乐器

家长可以让孩子用小木棒敲击翻过来的桶、锅、盆、陶器以及各种能敲击出悦耳声音的用具；可以在气球内装进几粒豆子，然后将它吹起，听到气球的嘎嘎声响；可以将沙子、小石头装入废弃的纸盒或不透明的小瓶中，让孩子摇摇，听发出的声音；可以把多个装有不同体积水的瓶子，让孩子用汤匙轻轻敲打，听每个瓶子发出不同的音调；还可以摩擦不同材质的东西，比如，搓玻璃纸、纸袋、塑料袋等。经常这样训练，能增强孩子对音乐的节奏感，帮助孩子感受音乐带来的快乐。

翩翩妈妈，家长在挖掘孩子的音乐天赋时要抱着一种平常的心态，既不要横向攀比，也不要急功近利，以免不正当的教育方式让孩子从小就讨厌声音。只要孩子从小受到音乐的熏陶，养成聆听音乐的习惯，孩子就会逐步喜欢上音乐的。我相信，经过你们的努力，孩子的音乐智能一定会顺利发展的。

最后，祝您全家身体健康，快乐幸福，事事如意！

此致

敬礼

殷老师

2015 年 12 月 5 日

38

运动是生命源泉

——如何发展孩子的运动智能

信信爸爸：

您好！

来信已收悉。您在来信中谈到您大儿子政政今年 9 岁，正在上小学二年级，政政平时就活泼好动，不管什么运动项目都喜欢，经常可以看到他在小区草坪上踢足球，在小区健身区练体操，在家里翻跟斗，在走廊里跳绳，老大的体育成绩每学期都是优秀，就是文化成绩一般。小儿子信信才 30 个月，看上去和大宝相反，平时内向文静，不爱运动。您看到信信身体纤弱的情况，您心里有点担忧，希望通过加强训练提升信信的运动智能，培养他坚毅乐观的性格，但您不知道该如何发展孩子的身体运动智能。

信信爸爸，身体运动智能是由美国哈佛大学心理学家霍华德提出的人的多种智能之一，主要是指善于运用整个身体来表达思想和情感、灵巧地运用双手制作或操作物体的能力。它包括平衡、协调、敏捷、力量、速度、灵活性等特殊的身体技巧、动作特性以及对于外界刺激作出反应的能力。遗传与出生时的状况、家庭与抚养环境、饮食与营养等是影响孩子身体运动智能的主要因素。对于 0～3 岁的孩子来说，身体运动智能有三个核心要素：有效地控制身体运动的能力；熟练地操作物体的能力；身体和大脑协调一致的能力。发展学家格塞尔研究发现，孩子的动作技能是在特定的时间里按照固定的顺序发展起来的，在不同的发展阶段表现出来的发展水平是不一样的，不同的孩子在同一个阶段也会表现出不同的发展水平。因

此，必须根据孩子的身体发育情况，遵循孩子的身心发展规律，才能有的放矢地提高孩子的身体运动智能。

信信爸爸，研究人员对人脑的研究结果发现，与运动有关的大脑神经极为丰富，这些大脑神经又与视觉、听觉、记忆、思维和语言等密切相关。因此，肢体运动智能的发展水平在很大程度上影响了孩子其他智能的发展。那么，应该如何发展孩子的身体运动智能呢？

1. 利用日常生活

家长要善于在日常生活中提升孩子的运动智能。比如，孩子起床穿衣、穿鞋、戴帽子、拿勺子吃饭、抹桌子、开水龙头洗手时，孩子为盆景浇水、松土时，孩子折出或剪出不同造型的小动物、小花时，家长应该给孩子实践的机会，要有耐心，不可因孩子速度慢而中途打断孩子，进行包办代替，这样不利于孩子运动智能的培养。

2. 开展幼儿游戏

游戏是孩子最普遍的语言。游戏可以促进孩子在认知、社会情感、交流和语言以及动作等方面向更高水平发展。孩子在游戏中能够进行模仿和学习，可以学习走、跑、跳、爬、钻、投等相关的运动智能。比如，鼓励孩子把自己当成小兔、小猫、蝴蝶等，在活泼可爱的小动物模仿表演中不知不觉提高孩子的运动智能；再比如，给孩子一个小篮子，到室外有树叶的地方去，玩"拾树叶"的游戏，孩子把树叶拾起来放到篮子里，可以练习走步、下蹲、伸臂、准确拾起，练习全身动作的灵活协调性。

3. 设法亲近自然

孩子在大自然中往往兴奋不已，跑跳不止，通过看看、摸摸、听听等途径，可以扩大孩子的活动范围，丰富运动知识。比如，在周末空闲时，为孩子穿上宽松舒适的衣服，带孩子去室外或公园走走，和孩子一起玩沙子，体会沙子从手里流失的感觉，鼓励孩子用自己的小手把泥巴捏出不同的造型等等。

4. 学习简单体操

动态系统理论认为，孩子需要努力协调多种技能要素才能掌握动作技能，而体操可以达到这一目标。大部分孩子对于体操有着极大的兴趣，家长可以抓住孩子的这个特点，促进孩子运动智能的发展。做体操时家长播放音乐，孩子就会根据音乐协调自己的动作，躯干及四肢的肌肉得到有节奏的收缩和放松，有利于孩子身体的各个部位得到锻炼。

5. 鼓励孩子表演

家长应创设各种家庭表演的机会，鼓励孩子表演小动物的叫声和动作，表演时观众可以用布娃娃、小熊、小狗坐在凳子上来代替，表演完毕家长代表观众给孩子鼓掌，孩子可以与小观众握手等。以此来慢慢锻炼孩子的胆量，发展孩子的身体运动智能，为以后能在公开场合上台表演作准备。

信信爸爸，多元智能创始人加德纳认为，在幼儿教育这个特殊阶段，应将身体运动智能置于所有智力的核心位置。家长应通过开发孩子运动智能，促进孩子全面健康发展，并在此基础上发现孩子的优势智能，真正促进孩子教育人性化、适宜性地发展，这比眼中只有智育、舍本逐末要好得多。我相信，经过你们的努力，孩子的身体运动智能一定会顺利发展的。

最后，祝您全家身体健康，快乐幸福，事事如意！

此致

敬礼

殷老师
2016 年 1 月 7 日

交往为生命添翼
——如何发展孩子的人际交往智能

露露妈妈：

您好！

来信已收悉。您在来信中谈到您生育了两个孩子，大女儿香香今年 6 岁，正在幼儿园上中班，小女儿露露还差两个月到 3 岁。露露平时拘谨胆小、害羞怕生，只喜欢自顾自地玩，不喜欢与小朋友分享玩具，在陌生人面前则显得胆小和犹豫，而且对他人的脸色和言语非常敏感。前天，您妹妹的儿子兴兴来到您家里，露露就是不肯把玩具给兴兴玩，您劝也没有用，兴兴只要一动家里的玩具，露露就赶忙把他推开，结果两个人为了一个玩具争吵起来，露露生气地大声喊道："以后再也不准你到我家来玩了。"说完要将兴兴推出家门。看到女儿的这种表现，您感到有点羞愧，不知道该如何发展孩子的人际交往智能。

露露妈妈，人际交往智能是指理解和他人关系的能力。家长的养育态度、养育方式和孩子自身心理发展过程是影响孩子人际交往智能发展的主要因素。人际交往智能是孩子最复杂的智能之一，包括孩子对自己和他人各种心理活动的体察与判断，并以此决定采取适宜的方式与他人交往，最终获得相应的心智成长。发展孩子的人际交往智能主要就是让孩子在交际中大方得体，和同伴相处融洽，给人留下良好的印象，发展孩子的团队精神和领导才能。

露露妈妈，卡耐基曾经说过："一个人的成功，15% 靠他的专业知识，而 85% 则是依靠他的人际关系。"这充分说明了人际交往智能的重要性。良好的人际交往智能既是孩子的智慧源泉，又是孩子的快乐源泉，是孩子今后顺利社会化的重要保障。那么，应该如何发展孩子的人际交往智能呢？

1. 创造人际交往环境

家长要主动地为孩子创造融洽的人际交往环境。比如，多带孩子去小朋友多的公园或乐园，鼓励孩子和同龄人游戏，在游戏中锻炼孩子与朋友交流沟通的能力。家里来了客人，家长要有意识地让孩子参与接待。这样，见的人多了，自信心强了，孩子在陌生人面前就会显得落落大方。

2. 注意耳濡目染地熏陶

模仿是人类最直接的行为，小孩子尤其善于模仿。家长应利用小孩子爱模仿这一特点，做好孩子的榜样，用积极的口头语言、表情语言和肢体语言来鼓励和支持孩子。在融洽的人际关系环境中，孩子会耳濡目染，感受到更多的积极情感，长此以往，孩子就会用同样的态度和方式去对待小伙伴。

3. 亲子共读培养情感

读书传递了思想和情感，也是孩子接受他人观点和体验情感的重要途径。亲子共读可以使许多有教育意义的情节，随着朗朗上口的儿歌，丰富的故事和精彩的图片，不知不觉地进入孩子的心中，产生一种春风化雨式的熏陶。

4. 鼓励参加群体活动

在集体活动中，孩子与同龄的小朋友一起生活，他们会相互学习怎样相处，在交往中孩子会建立友谊，产生群体意识，虽然也会吵架，但是很快就会和好的。家长绝不能为了安全问题，把孩子圈在家中，也不能害怕孩子吵架，不让孩子与其他小朋友交往。

5. 教会孩子分享技能

家长要经常给孩子灌输"分享""讨论""交流"的思想，教会孩子与人分享和交流的技能。比如，孩子想要玩别人的赛车，往往会直接说："把你的赛车给我玩！"其他孩子自然不买账。这时家长就要引导孩子换一种说法："我想玩玩你的赛车，保证不会弄坏。我也可以借一样玩具给你，

我们交换好吗？"这样，不费吹灰之力，孩子既和小伙伴搞好了关系，又玩到了玩具。再比如，当孩子看到小朋友伤心流泪时，家长要引导孩子掏出手绢为小朋友擦去眼泪，并安慰小朋友或邀请小朋友一起玩。

露露妈妈，婴幼儿时期是孩子情感教育的重要时期，家长一定要为孩子建立一个温馨和谐的家庭，发挥榜样示范作用，支持和鼓励孩子，通过切实可行的措施，教会孩子交流和分享的技能，促进孩子健康地成长。我相信，经过你们的努力，孩子的人际交往智能一定会得到发展的。

最后，祝您全家身体健康，快乐幸福，事事如意！

此致

敬礼

殷老师

2016 年 2 月 3 日

40

行成于思毁于随

——如何发展孩子的自省智能

彬彬爸爸：

您好！

来信已收悉。您在来信中谈到你们夫妻两人生育了两个儿子，彬彬是大宝，再过三个月满 6 岁，正在幼儿园上中班，挺挺是二宝，刚好 8 个月。彬彬 3 岁时完成画画或积木时，总会表现出一副很满足、很自豪的样子；4 岁时就学会用"我愿意""我想"等方式来表达自己的感受和愿望；进入幼儿园以后，不少老师就反映彬彬自律和自制能力较强；上个星期天，彬彬的表弟浩浩来到家里，把彬彬的玩具翻得满屋子都是，还不经你们同意打开冰箱门拿东西吃，彬彬在一旁做手工作品时，浩浩在旁边吵个不停。您看到彬彬虽然很不高兴，但还是控制着自己的表现，显得很沉稳。浩浩回家以后，彬彬对您说："浩浩好没有礼貌啊。"看到彬彬这么懂事，您心里感到非常高兴，但不知道该如何进一步发展孩子的自省智能。

彬彬爸爸，自省智能是认识、洞察和自我反省的能力，表现为能正确地意识和评价自身的情绪、动机、欲望、个性、意志，并在正确的自我意识和评价基础上形成自尊、自律和自制的能力。孩子的自省智能与家庭环境、孩子的活动体验和后天学习等因素有关，一般包括自我认识的能力，包括对自己的身体、自己的动作行为以及自己的内心世界的认识；自我评价的能力，包括掌握他人对自己的评价、在与他人的比较中对自己进行评价以及进行自我反思；自我调节的能力，包括活动的起始和终止、活动的转移和变换，心理过程的加速和减缓、加强或削弱，以及行为举止的自我

監督和校正等方面。

彬彬爸爸，自省智能是分辨自己内心世界的智慧。有较高自省智能的孩子，能够清楚地把握自己的情绪、动机、脾性，能恰当地认识自己的特点、长处和短处，并能据此做出适当的行为，会有比较强的自律、自控能力，并且具有自尊心和自信心，这无论对于孩子当前的发展和日后的发展，都是至关重要的。那么，应该如何发展孩子的自省智能呢？

1. 建立稳定关系，营造民主氛围

如果家长对孩子漠不关心，经常以冷漠的态度来对待孩子，孩子缺乏依恋对象和安全感，就会对周围的世界感到无助、孤独和害怕。这会导致孩子不愿主动去认识事物和探索世界，从而很难构建自我观念。因此，在家庭中家长要经常与孩子分享经验、探讨知识、解决问题，多给孩子一些独立思考的机会，帮助孩子作出计划，倾听孩子的观点和想法，给予孩子自我表达的机会和条件，培养孩子积极思考和表达自我的勇气。

2. 注重语言表达，尝试认识自己

语言在孩子的认知发展中起着关键的作用。孩子在自言自语和与人对话中，内心世界得到显现，所思所想会不断外露，自省智能就得到发展。自省智能突出的孩子，有着很强的自我意识，这时家长应该放手让孩子做自己喜欢做的事情，即使是错误的也要给孩子尝试的机会。通过尝试错误，使孩子对自己的判断能力和实际能力的差别有所了解，以便孩子进一步发展自己的自省智能。

3. 参与艺术活动，开展自省游戏

孩子是天生的艺术家，在艺术活动中能够真实地表达自己的内心思想，孩子通过参与艺术活动，表现出记忆、想象和真实生活的一面，自省智能就能得到发展。游戏是孩子的天性，也是孩子构建认知的基本方式。孩子通过角色扮演、镜中自我等游戏，自省智能就能够得到发展。

4. 正确评价自我，合理调节自己

为孩子营造一个充满肯定的生长环境，有利于孩子形成正确而健康的

自我评价，强化孩子的信心；鼓励孩子与他人合理对照，可以使孩子看清自己的优缺点，正确认识自己；和孩子一起制订一天或一周的计划，可以培养孩子计划和调整的能力；指导孩子合理地发泄心理压力和不良情绪，可以培养孩子自制自律的能力。

彬彬爸爸，陶渊明说："悟已往之不谏，知来者之可追。"家长每天给孩子留一定的时间，让孩子自我反省一下当天的得失，并帮孩子分析如何避免失误，可以使孩子能够对自己的行为有很好的把握。只有这样，孩子才能够不断地完善自我，不断成长。我相信，经过你们的努力，孩子的自省智能一定会得到发展的。

最后，祝您全家身体健康，快乐幸福，事事如意！

此致

敬礼

殷老师

2016 年 3 月 5 日

欲看究竟须留心
——如何发展孩子的观察能力

萍萍爸爸：

您好！

来信已收悉。您在来信中谈到您夫妻两人都是独生子女，生育了两个女儿，小女儿萍萍已经4岁了，正在幼儿园上小班。萍萍从小就很好学，观察能力较强。昨天下午，萍萍从幼儿园回到家，和其他几个小朋友一起在家里阳台上搭积木，当大家玩得兴高采烈时，萍萍拉着旁边的小翠说："你快来看，天上的云好看极了，一会儿像白马，一会儿像骆驼，一会儿像山羊……"两个人竟不被其他小朋友玩积木时的笑声、吵闹声所干扰，站在阳台上仰头足足观察了20多分钟，还不时小声讨论着。看到女儿这么专心地观察，您心中感到非常开心，但不知道该如何更好地促进孩子观察能力的发展。

萍萍爸爸，观察是人类的一项重要的基本技能，是人类认识世界的重要环节。从心理学的角度看，观察是一种有目的、有计划、比较持久的，并且有思维和语言参与的知觉过程，是知觉的高级形式。观察力是指有目的、主动地考察事物并善于正确发现事物各种典型特征的知觉能力，是促使观察保持高效率和顺利进行的重要保证。由于孩子年龄较小，他们有观察的意愿，对感兴趣的事物往往表现出积极观察的欲望，但注意力容易分散，观察停留在事物的表面不能够深入，观察随意性较强，缺乏系统性和概括性，很难持续进行观察。

萍萍爸爸，英国杰出的生物学家、进化论的奠基人达尔文曾经说过："我既没有突出的理解力，也没有过人的机智。只是在观察那些稍纵即逝的事物并对其进行精细观察的能力上，我可能在众人之上。"达尔文的这段话说明，敏锐的观察能力对取得重要成就非常重要。观察能力不仅是科学家取得创造成就的重要条件，而且是孩子认识一切客观事物和现象的基本能力。它是思维的"触角"，是认识的出发点。对孩子来说，观察可以获得感性知识，为理性认识打下基础，从而促进智力的发展。因此，观察力的强弱，将直接影响认识过程中各个环节的活动，对其获取知识、认识世界、发展智力及良好的心理品质有着极其重要的作用。那么，应该如何发展孩子的观察力？

1. 创造多种观察机会

家长应从孩子的年龄特点出发，创造良好的观察条件，提出观察任务，逐步帮助孩子形成乐于观察、勤于观察的习惯。比如，花盆中的蚂蚁、太阳光中的灰尘、天空中的云彩等等，让孩子学会留意和发现生活中的一些现象，并引发孩子思考产生这些现象的原因。

2. 培养浓厚的观察兴趣

由于观察敏锐性的差异，孩子在不同事物的观察上出现不同的兴趣。因此，培养浓厚的观察兴趣是发展观察能力的前提条件。孩子天生就有强烈的好奇心，在大千世界中有无数孩子感兴趣的东西，选择色彩鲜艳的、新奇的、感兴趣的事物作为观察的对象，可以引导孩子始终在兴趣中逐步去观察、去发现、去学习。比如，在户外散步时，孩子发现雨后的蜘蛛网，家长就要及时与孩子讨论，鼓励孩子去观察，了解昆虫的生活习性、环境和共同特点等，激发孩子对周围事物观察的欲望，进而引发孩子的进一步思考。

3. 运用多种感官观察

家长在引导孩子观察时，力求让孩子的多种感觉器官参与观察活动。比如，观察水果时，可以让孩子用眼睛看、用手摸、用口尝，从而获得各种水果的形状、颜色和味道；也可以带孩子到大自然中去，认识大千世界，亲眼看看破土而出的各种各样的禾苗与小草，亲耳听听优美动听的蝉鸣鸟

叫，亲手摸摸饱满飘香的麦粒谷穗，亲口尝尝清凉而爽口的雪花冰块，从而认识春夏秋冬四季。通过调动孩子的多种感官参与，满足孩子的好奇，帮助孩子逐步具备辨别、分析、判断的能力。

4. 学习科学的观察方法

有意识地引导孩子观察周围事物，学习观察的基本方法，有目的、全面、细致地观察事物，可以逐步发展孩子的观察能力。观察的方法有：从外向里的观察方法，比如，观察苹果、番茄、香蕉等的异同点；从上到下或从左到右的观察方法，比如，观察一幅画、绘本等；从近到远的观察方法，比如，观察建筑、游乐设施等；追踪观察法，比如，观察从鲜花开放到结果的过程等。

5. 提高观察概括水平

家长应指导孩子在观察现象的同时，探寻事物的本质。比如，家长和孩子一起连续地观察一个月当中月亮的变化过程，讨论并尝试运用多种方式进行记录，从而更深刻地了解月相的完整变化过程，形成较完整的认识，然后概括月亮的变化规律，透过表象学到深层的知识，促进孩子对事物深入地了解。

萍萍爸爸，观察是孩子认识世界的重要途径，在其成长的过程中起着不可替代的作用。家长在日常生活中要为孩子提供观察的机会，循序渐进地启发孩子思考，帮助孩子从小养成认真观察事物的习惯，发展孩子的观察能力，开启孩子的智慧大门，提高孩子对周围事物的好奇心和求知欲，为以后的学习奠定坚实的基础。我相信，通过你们的努力，孩子的观察能力一定会得到更快发展的。

最后，祝你们身体健康，工作顺利，事事如意！

此致

敬礼

殷老师

2016 年 4 月 19 日

42

寸金难买寸光阴
——如何培养孩子的时间观念

明明爸爸:

您好!

来信已收悉。您在来信中谈到您正在幼儿园上小班的小儿子明明,今年4岁,明明时间观念比较淡薄,每天早上上学基本都要迟到,做事拖沓,没有先后顺序。上周六下午,您家里来了许多明明的小伙伴,大家七嘴八舌,好不容易一起说好接下来玩"躲猫猫"和"老鹰抓小鸡"两个游戏。先是玩"躲猫猫"的游戏,游戏结束后,其他小朋友赶快去上厕所,而明明却一直在和隔壁的胖胖说话,当其他小朋友准备开始玩"老鹰抓小鸡"游戏时,明明忙说:"你们慢一点,我还没上厕所呢!"等明明上完厕所出来,他又要求其他小朋友等他喝完了水再开始,一下子就被明明耽误了七八分钟,搞得小伙伴们很不高兴。昨天晚上,明明妈妈在教明明画房子,谁知他边画边玩,一个多小时都没画完。看到孩子的这种情况,您心里有点着急,但又不知道该如何培养孩子的时间观念。

明明爸爸,时间观念是指观察或感知到的时间。时间无形无影,无声无息,无光无色。然而,时间却又无处不在,无往而不在。鲁迅曾说过:"时间,就像海绵里的水,只要你挤,总是有的。"华罗庚也曾说过:"时间是由分秒积成的,善于利用零星时间的人,才会做出更大的成绩来。"孩子的时间观念是在实践过程中形成的,正在由浅入深不断发展着。

明明爸爸,增强孩子的时间观念,孩子才会有积极主动的热情,做任

何事才有前瞻意识，有目标、有计划，重视单位时间内的智慧含量；才能做事认真，一丝不苟，恪守信诺，言出必践，获得社会的认可和肯定；才能内心踏实而愉悦，不断地警醒自我，激励自我，为自己最终能够有所作为，实现人生价值而不懈努力。那么，应该如何培养孩子的时间观念呢？

1. 榜样示范法

家长的榜样作用是至关重要的。很难设想，一个缺乏热情，对工作淡漠，漫不经心的家长，能培养出懂得效率和节奏的孩子。家长在工作中有计划、有条理，交代事宜简单明了，孩子做事才会主次分明，提高效率，懂得合理地使用和分配时间，建立秩序感。

2. 故事引导法

孩子往往对故事书很着迷，家长可以找一些有关名人守时的儿童读物，让孩子自己看或者亲自给他讲一讲，有时也可以讲一些因为不遵守时间而造成重大损失的故事。生动的故事能让孩子从中受到教育，强化孩子的时间观念。

3. 代币奖赏法

运用学习动机中的强化理论，可以激发孩子养成按时完成任务的时间观念，强化孩子良好习惯的养成。家长可以和孩子约定，如果孩子在规定时间内按要求完成活动任务，就按难易程度给孩子记相应的分数，等孩子分数累积到某一目标时，则给予一定的奖励。

4. 竞赛游戏法

家长利用孩子好胜心强的特点，开展竞赛性质的游戏，可以培养孩子良好的时间观念。比如，和小朋友一起比赛洗手速度的游戏、手工制作的游戏、收拾玩具的游戏等等。通过这些比赛，可以强化孩子掌握时间观念，养成守时高效有序的良好习惯。

5. 图文表征法

教孩子认识时间概念，发展孩子的时间观念要与日常生活的具体事件联系起来，使孩子有可以感知的具体内容。家长可以把孩子起床、穿戴、盥洗、就餐、看书、午睡等时间较固定的环节，用图画表示相应的活动内容，在旁边标上相应的时间要求，帮助孩子在指定时间内主动地有节奏地完成任务，使孩子获得成功的体验。

明明爸爸，曾国藩曾说过："天可补，海可填，南山可移。日月既往，不可复追。"只有时间观念强的孩子，才能真正将时间看作生命，才能感受到时间的珍贵，生命的可贵；才能对日影月色，对桃花流水，对春夏秋冬格外地敏感和惋惜；才能真正体会到孔子"逝者如斯夫，不舍昼夜"的感慨和毛泽东"一万年太久，只争朝夕"的紧迫感；才能拥有鸿鹄之志，懂得滴水穿石、雪花断枝的历程和真谛；才有韬光养晦、集腋成裘的隐忍和坚毅，领悟到时间那平凡而又伟大的力量，才能深知冰冻三尺非一日之寒，鹏飞万里非千丈之浪的道理。我相信，经过你们的努力，孩子的时间观念一定会增强的。

最后，祝您全家身体健康，快乐幸福，事事如意！

此致

敬礼

殷老师

2016 年 5 月 25 日

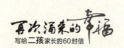

专心致志赢未来

——如何培养孩子的专注能力

宸宸妈妈：

　　您好！

　　来信已收悉。您在来信中谈到您的小儿子宸宸，今年4岁，将要上幼儿园，可是宸宸到现在还不能静坐，每次在家里教他画画，宸宸经常东张西望，心不在焉，一会儿望望窗外，一会儿拿起笔转来转去的。您提醒过他几次，刚提醒时还可以，可当您刚一转身宸宸马上又变得不安静了……吃饭时，宸宸总喜欢吃一会儿饭，看一会儿电视，玩一会儿积木。宸宸爸爸打也打过，骂也骂过，什么招都用了，就是没有效果。面对孩子的这种情况，您心里有点着急，不知道该怎样培养孩子专注的习惯。

　　宸宸妈妈，专注就是专心注意，全神贯注，包括专一的方向、专心的观察和持久的毅力，需要大脑与五官配合完成，是孩子成功完成任务的必备条件。孩子不专注主要表现为活动过多、注意力分散和冲动行为，这可能与孩子的遗传因素、早期环境和教育有关。孩子不专注时，主动注意减退，被动注意增强，明显影响孩子的正常活动、身心健康以及交往能力。

　　宸宸妈妈，发展孩子的专注能力，可以使孩子镇定地面对活动中所面临的问题，轻松地享受活动的乐趣，可以使孩子取得活动的成功和生活的满足，帮助孩子获得今后事业的成功，提升生活品质。那么，应该如何培养孩子的专注能力呢？

1. 正向强化法

加德纳的多元智能论认为，每个人的智能是多元的，并非每个方面都能达到最高水平，但有其优势智能。因此，家长要突出孩子的优势智能，不断鼓励孩子发展优点和长处，让其优势智能带动其他智能，让孩子学会用新的有效的行为来替代不适当的行为模式，推动孩子专注能力的发展。

2. 正面引导法

家长一方面要帮助孩子认识到专注能力的重要性，增强保持专注的自觉性。通过生动形象的故事和儿歌，比如，《小猫钓鱼》《学好样》等，使孩子懂得不专注是学不好本领的。另一方面可有意识地利用语言、表情、动作等给予活动中的孩子积极的暗示，逐步养成孩子专心做事的好习惯。

3. 游戏活动法

孩子对活动的目的意义理解得越深刻，完成任务的愿望就越强烈，在活动过程中，注意力就越集中，注意力维持的时间就越长。家长可以有选择地与孩子一同开展游戏活动，游戏前交代活动的目的和任务，有意识地培养孩子的专注力。

4. 体育锻炼法

当孩子走路、翻滚或者跳跃时，大脑都会处于活跃的状态，能使神经连结更加牢固，对提高大脑思考和反应能力有帮助。让孩子多活动，多参加体育锻炼，增强体质，可以让孩子更专心，更有精神。

5. 磨练意志法

意志对专注能力有着重要影响，在专注能力的形成与发展中有着举足轻重的作用。意志不是生来就有的，是在后天环境中形成的。为此，家长要善于把孩子置于各种各样的障碍和困难面前。当孩子在活动中遇到困难时，要给予鼓励和指导，使孩子经过努力克服困难，通过实践活动磨炼出坚强的意志。比如，带孩子进行登山比赛，在竞争中孩子会努力克服困难，争取第一。这样，不仅磨炼了意志，同时也体会到登上顶峰的成功与喜悦。经过多次类似的训练，孩子就会学会控制自我，增强自控能力。当然，家长在为孩子选择意志力训练的项目时，要考虑到孩子的年龄特点，不要过于艰难，超出孩子的承受能力。同时也要注意活动的安全，避免受到身体伤害。

　　宸宸妈妈，专注是孩子成长过程中的一种重要能力，是孩子今后能够事业成功的保证。面对孩子做事不够专注，家长既要承认和正视，更要以积极的态度去研究，为孩子搭建发展的平台，帮助孩子健康快乐地成长。我相信，经过你们的努力，孩子的专注能力一定会得到发展的。

　　最后，衷心祝您全家身体健康，快乐幸福，事事如意！

　　此致

敬礼

殷老师
2016 年 6 月 30 日

44

书是知识的源泉
——如何提高孩子的阅读能力

盼盼爸爸：

您好！

来信已收悉。您在来信中谈到您的小女儿盼盼，再过一个月就3岁了。盼盼长得非常可爱，白皙的皮肤，大大的眼睛，秀气的鼻子，饱满的小嘴，再加上一头可爱的"自来卷"，构成一幅天然的美丽图画。每次您带盼盼到书店中，盼盼总会被琳琅满目的图书所吸引，站在那里久久不肯离开。为此您总要给盼盼买几本绘本，盼盼回到家就急不可耐地翻开了，晚上睡觉之前也总要翻上几页书，还要抱着绘本睡觉。看到孩子的这种情况，您心里感到非常高兴，想趁热打铁，提高孩子的早期阅读能力，但又听有人说，过早过度阅读可能反而会让孩子失去阅读兴趣，您来信询问，应该怎样才能有效地开展孩子的早期阅读。

盼盼爸爸，看到您的孩子这么喜欢阅读，我感到由衷的高兴。婴幼儿智力和潜能专家格林都曼博士认为，早期的智力发展与频繁、紧张、持久地对大脑施加刺激有关，早期阅读是积极刺激智力发展的良剂。早期阅读并不在于单纯发展孩子的阅读能力，而更在于启蒙阅读意识，让孩子通过各种途径，接受各种信息，形成书和阅读的概念，即要看、要听、要读，通过养成教育，有力地推动今后的学习。孩子早期阅读能力的发展与家庭环境、孩子兴趣和阅读指导等因素有关。

盼盼爸爸，孩子在0～3岁阶段的早期阅读能力的培养程度，将会影

响其在未来的终身学习过程中的学习能力和水平。早期阅读对婴幼儿的口语表达能力和思维的发展等起着非常重要的作用，可以帮助孩子尽早进入知识的海洋，开阔视野，启迪智慧，陶冶情操，体验亲子阅读后分享和交流的乐趣。那么，应该如何发展孩子的早期阅读能力呢？

1. 创设良好的环境

0~3岁孩子的行为一般是无意识的，易受环境影响，因而创设良好的阅读环境是孩子早期阅读形成的根本保证。家里的书房要求安静、优美、宽敞、明亮，有一定的文化氛围，所使用的桌椅、书架要适当，便于孩子自由方便地进行阅读。家长还可以利用节假日带孩子到阅览室、书店，让孩子充分感受到浓厚的读书气氛。此外，家长在工作之余、闲暇之时看书阅读，让孩子从小受到熏陶，产生对书籍的兴趣。当孩子注意到书籍时，家长不要忘了对其加以鼓励，如微笑、拥抱，或者说："宝宝真厉害，会看书了。"

2. 坚持为孩子朗读

美国教育家杰姆·特米里斯发明的早期阅读启蒙教学认为，培养孩子的读书兴趣要从小开始，要依靠家长来"诱发"。家长应从孩子很小的时候养成为孩子朗读的习惯，每天20分钟，持之以恒，孩子对阅读的兴趣便会在父母抑扬顿挫的朗读声中渐渐产生。孩子坚持听读可以使注意力集中，有利于扩大孩子的词汇量，并能激发想象，拓宽视野，丰富孩子的情感。在每天20分钟的听读中，孩子会逐渐领悟语句结构和词意神韵，产生想读书的愿望，并能初步具备广泛阅读的基础。杰姆·特米里斯认为家长选取的朗读内容应生动有趣，能吸引孩子，随着孩子年龄的增长，内容可逐步加深。这种方法的关键是家长一定要有耐心，日复一日，年复一年，最终才会有满意的收获。

3. 选择合适的书籍

0~3岁的孩子从读书中获得的不仅是知识，更重要的是对读书的兴趣。家长为孩子选购的图书种类、内容不要过于单一，涉及面要广，使孩子从中获得多方面的教育。6个月~1岁时，孩子视觉发展尚未成熟，无法看清图书上的图像，故应选图像大的硬纸版图书，以吸引其注意。一岁半的孩子应选择布、硬纸做的图书，书上有凹凸的地方，或打开的窗口，这样的书籍具有撕不破的特点，又能吸引孩子。2 岁左右的孩子应选择页数少、故事简单且装订坚固的书，图书一定要色彩鲜艳，生动有趣，内容健康向上，故事的内容简单易懂。3 岁左右的孩子可以选择童话故事书、儿歌等，内容可丰富一些，范围可广一些。

4. 与游戏结合起来

心理学家提出，婴幼儿集中注意力的时间一般较短，因此无法长时间地保持静态的阅读状态。要让孩子喜欢阅读，就必须让孩子有参与的兴趣，游戏往往是孩子最乐意接受的活动。把阅读与游戏结合起来，可以激发孩子阅读的兴趣。比如，根据孩子爱玩"藏猫猫的游戏"特点，引导孩子玩动物在哪里的游戏，即家长发出各种动物的叫声，让孩子找出书中的动物，并对孩子的表现进行鼓励，激发孩子把书当作朋友的愿望。同时，家长还可以选择一些有画和字的图书卡片，和孩子玩翻书、找卡片的游戏，使孩子将书视为好朋友。

5. 掌握阅读的技能

家长应指导孩子掌握阅读的基本技能和方法，引导孩子由前到后、一页一页地按顺序向后翻书，从左向右自上而下地看书，学会观察每幅画面上人物和动物的形象，理解前后画面的联系。

盼盼爸爸，古今中外，许多卓越的科学巨匠、文学大师等都是很早开始阅读的。德国教育家卡尔·威特，4 岁开始阅读；控制论创始人维纳，3 岁就会读能写；德国文学巨匠歌德，4 岁前就识字读书……再看中国古代的王勃、骆宾王、白居易，近代的胡适、梁启超、鲁迅、郭沫若等，几乎都是在三四岁就开始阅读的。早期阅读经验的获得对孩子的一生发展有着不可低估的影响，通过阅读可以让孩子收获知识，体验幸福。我相信，通过你们的努力，孩子的早期阅读能力一定会很快提高的。

最后，祝您全家身体健康，快乐幸福，事事如意！

此致

敬礼

殷老师
2016 年 9 月 7 日

感觉统合早训练

——如何提高孩子的感统能力

健健妈妈：

　　您好！

　　来信已收悉。您在来信中谈到您生育了一儿一女，女儿咪咪已经上小班了，儿子健健才 30 个月。健健很聪明，但是注意力经常不集中，好动不好静，一会儿也停不下来，什么都学不会，成天调皮捣蛋。你们夫妻俩打也打了，骂也骂了，就是一点不管用，心里非常纠结。没办法，上周你们夫妻带健健到医院做了检查，大夫说："孩子脾气特别不好，可能感觉统合能力较差。"听完大夫的话，您似懂非懂。回到家赶快收集了一下感统能力这方面的信息，不看不知道，一看不得了。原来感觉统合能力对孩子这么重要，它关系到孩子今后能否专注做事。来信询问，应该如何发展孩子的感统能力。

　　健健妈妈，感觉统合是指将人体器官各部分感觉信息输入组合起来，经大脑统合作用，对身体外的知觉作出反应。只有经过感觉统合，神经系统的不同部分才能协调，使个体与环境顺利接触；没有感觉统合，大脑和身体就不能协调发展。孩子感觉统合失调有先天生理原因和后天环境因素。在先天因素中，可能有胎位不正引起的平衡失调，也可能有因早产或剖腹产引起压迫感不足导致触觉失调。相对于先天因素，后天环境的影响因素更多。包括爬行不足造成前庭平衡失常；家长管束太多，造成孩子触觉刺激缺乏；家长包办代替，导致动作协调不良、本体感失调；长时间看动画片导致视觉不良等等。

健健妈妈，大部分孩子都或多或少地存在轻微感统失调的问题，逃避不是办法，忽视是极其错误的。如果不及时加以训练，综合能力不足会抑制孩子的智力发展，使孩子原本很多优秀的地方表现不出来。随着孩子年龄的增长，感统失调的现象会更加严重，更加难以纠正，在学习或性格上出现这样那样的障碍，甚至影响孩子的一生。那么，训练2～3岁孩子感统能力的方法有哪些呢？

1. 丢接球

孩子2岁以后，可以使用直径20～30厘米的橡皮球，家长与孩子间隔约2米，分别坐于地上，用滚球的方式与孩子玩传球游戏；孩子3岁后，家长与孩子的距离拉长至3～5米，并改以弹跳的方式传球。这样训练，可以改善孩子的手眼、身体双侧及视觉追踪的协调性。

2. 镜子游戏

孩子2岁起，就可以开始玩模仿游戏。在孩子模仿家长动作的过程中，借机让孩子认识自己的身体及辨别左右方向，这对孩子的观察与动作计划能力有很大的帮助。不过，一开始不要太难，应从一只手开始，再进展到全身，以免动作太复杂，孩子一时记不清而产生挫折。

3. 地面探险

这种游戏仅需不同材质的拼装地毯，就可以提供孩子触觉及本体觉刺激，有助于改善孩子动作计划能力。玩法很简单，在家里布置各式不同材质的地毯，让孩子学会拼装地毯，并在地毯上玩各种游戏。

4. 叠积木

自孩子2岁起，家长可以开始着手进行精细动作训练，工具是积木，让孩子尝试用一只手或两只手将积木叠高即可。待孩子3岁，再换小一些的积木来训练，让孩子试着使用积木，进行叠高或创作游戏，有助于改善手眼协调，并可训练孩子的创造力及注意力，一举多得。

5. 跳格子

现代都市寸土寸金，孩子游戏的空间大大缩减，想玩跳格子游戏，似乎不是一件容易事。不过，也有变通的方式，不能在户外玩，换个地点在家里也可行，只要运用家里的拼图地垫就可以了。玩法很容易，将每块地垫放置于地面并固定，然后就可以让孩子用跳的方式踩地垫。这对孩子的空间概念训练及本体觉刺激，都相当有帮助。

这些感统训练简单易行，在家里可以就地取材。当然，家庭里感统训练的方法还有很多，但不管什么方法，家长都要尊重孩子对感觉刺激的需要和选择，并及时给孩子积极的反馈，让孩子感觉到训练的快乐而不是压力。这样，孩子在轻松愉快的气氛中可以改善注意力、培养正确的是非观、控制好情绪，今后会更加自信地面对学习和人生。我相信，通过你们的努力，孩子的问题一定会有效解决的。

最后，祝您全家身体健康，快乐幸福，事事如意！

此致

敬礼

殷老师

2016 年 10 月 27 日

行为辅导编

游戏本是平常事
——如何对待孩子的性游戏

丁丁妈妈：

　　您好！

　　来信已收悉。您在来信中谈到您生育了两个孩子，女儿天天已经 6 岁，正在幼儿园上中班，儿子丁丁才 4 岁，将要上幼儿园。最近您发现两个孩子之间经常在玩一些与性有关的游戏。上周六，天天去卫生间小便，丁丁非要跟着去不可，两个孩子来到卫生间以后，丁丁发现天天坐着小便，而且没有小鸡鸡，感到非常好奇，就趁天天脱裤子时用手去摸天天的阴部，天天也趁机抓住了丁丁的小鸡鸡。更令您意想不到的事是昨天晚上，您正在厨房准备第二天的早餐，丁丁和天天在房间里竟然学着电视里的结婚场面，一个扮作"新郎"，一个扮作"新娘"，先是拜天地，然后就开始玩性爱游戏，您看到后大吃一惊，赶快把两人呵斥住。看到孩子的这些行为，您不知道怎么跟孩子解释这些事。来信询问，应该怎么对待孩子之间的性游戏。

　　丁丁妈妈，孩子发生性游戏可能与孩子想了解两性差异有关，也可能与孩子想模仿影视媒体中的性爱情节有关。从心理学的角度看，幼儿之间的性游戏不仅不会对孩子身心造成伤害，而且会为孩子接受日后的性活动打下基础。如果家长在目睹孩子的性游戏后，直接加以干涉，或者对孩子加以责骂、压制和惩罚，孩子会认为性是罪恶的，通过这种方式得到的快乐是错误的，有这种行为的孩子是坏孩子，这种信息反而可能会妨碍孩子成年后接受和给予性爱愉悦的能力，甚至还会干扰孩子建立爱情和亲密关系的能力。

丁丁妈妈，家长正确对待孩子的性游戏，可以打破孩子对性的神秘感，树立正确的性观念，帮助孩子了解如何应对两性身体的差异，为孩子的性成长打下良好的基础。那么，家长应该如何对待孩子之间的性游戏呢？

1. 淡定处理

家长要用冷静、积极和自然的方式处理孩子之间的性游戏。如果家长反应过激，可能会给孩子留下深深的负罪感，让孩子觉得对性感兴趣或是有感觉是不对的，使孩子的好奇心变得扭曲，使性成了禁止和灰暗的领域。

2. 重视教育

孩子很小就会对性产生好奇心，他们想了解"为什么男孩子和女孩子会不同""自己是从哪里来的"等许多有关性的问题，这是孩子正常的发育表现。如果家长对孩子提出来的性问题采取隐瞒或回避的态度，会让孩子心中产生性的神秘感和更强的好奇心。因此，"你长大就知道了""问这个你羞不羞啊？""跟谁学的？"蒙混或追究孩子从哪里来的想法都是不可取的。那么，应该采用什么样的方法对孩子进行性教育呢？讲故事、共同阅读和看图片就是对孩子很好的性教育方法。

3. 转移注意

如果发现孩子玩弄生殖器或者在玩性游戏，家长可以以平常的语气说"请你拿某某东西来"或"我们来玩某某玩具"，以转移孩子的注意力，这时候大部分孩子就会去做其他事情；如果孩子不能罢手，仍有玩弄生殖器的情况，家长应积极寻找原因：是否有尿意，裤子是否太窄太紧，生殖器是否有皮炎或尿道炎等病症。

4. 扩大兴趣

丰富孩子的精神生活，培养兴趣爱好，比如唱歌、弹琴、画画、做体操、打球等，孩子就不会把兴趣只集中在性方面了。

5. 预防侵扰

家长要告诉孩子重视保护自己，不能让别人随便摸弄自己身体的任何部分，特别是生殖器。在适当的时候，可以告诉孩子个别成人引诱的危险，引诱时会出现什么样的动作，引诱时该怎么办。为了保护孩子的安全，要求孩子不要去人少的小巷、地下室等处，不要接受陌生人送的东西等等。如受到侵扰，要立刻逃向人多的地方，并大声叫喊求救。

丁丁妈妈，孩子在成长过程中必然经历一个性觉醒的过程，性好奇是每个孩子都会出现的心理现象。当孩子出现性好奇或性游戏时，家长要多给孩子一些引导和帮助，少给孩子一些指责和呵斥，促使孩子的性心理顺利成长。我相信，经过你们的努力，一定会正确对待孩子之间的性游戏的。

最后，祝您全家身体健康，快乐幸福，事事如意！

此致

敬礼

殷老师

2015 年 4 月 2 日

47

半夜为何哭不休

——如何处理孩子半夜啼哭

橙橙妈妈:

您好!

来信已收悉。您在来信中谈到您生育了两个孩子,是对"龙凤胎",现在刚好 10 个月,女儿绵绵是姐姐,儿子橙橙是弟弟。绵绵夜间和爷爷奶奶睡,晚上睡得很好,几乎不用爷爷奶奶操心。橙橙最近却经常夜哭,昨天晚上刚睡了一小时,橙橙就突然哭起来,哭得一把鼻涕一把泪的,您赶紧把儿子抱起来哄,却哄不好,吵得隔壁房里的婆婆都睡不好觉。婆婆听到孙子哭闹不休,就进了房,拍了拍孩子,奇怪的是,橙橙很快不哭了,又睡着了。婆婆刚走开不到一小时,橙橙又一次哭了起来,婆婆又一次进来,把橙橙抱出去了,嘴里哄着孙子:"奶奶抱,奶奶抱,宝宝不用哭,妈妈抱不舒服,就由奶奶抱!"很奇怪,孩子又一次平静下来了。看到孩子的这种表现,您觉得有点惭愧和不安,不知道应该如何防止孩子的夜哭。

橙橙妈妈,恐惧、饥饿、瞌睡、身体不佳和感到无聊等,都会引起孩子夜哭。在孩子学会说话前,哭是表达需要的唯一方式。最初孩子的哭声多属于生理反射性的哭,进而因环境中的不适引起应答性的哭,再进一步孩子从经验中学到哭可以得到家长的照顾,便出现主动的操作性哭泣,这就是社会性的哭。

橙橙妈妈,孩子夜哭是一种不愉快的消极的反应,会影响到孩子和成人的睡眠质量,影响孩子的身体和智力发育,滋生心理问题。那么,应该

如何防止孩子夜哭呢?

1. 喂养科学得当

喂养不当是导致孩子哭闹的常见原因之一。母乳喂养的妈妈乳汁太少、质量太差或太稀,人工喂养时奶粉与水的比例调配不当,冲得过稀,都会引起孩子饥饿性啼哭。晚上喂奶太勤,干扰孩子睡觉,也会引起孩子啼哭。饥饿原因引起的哭闹,往往喂奶后孩子就会安静入睡,过一会儿孩子就会醒来,又大口大口地吸奶。奶水太少和质量差,妈妈就要增加营养,多进食鱼、肉、猪蹄等蛋白质丰富的食物,或者晚上喂完母乳后再给孩子喂一些牛奶,改母乳喂养为混合喂养。如果孩子吃饱了就让孩子安静地睡觉,不要随便去打扰他,晚间尽量少喂奶,保证孩子正常休息。

2. 营造睡眠环境

当孩子要睡觉的时候,家长要保持室内不要出现强光、噪音以及其他刺激,及时更换尿布或纸尿裤,保持室温在24℃上下,为孩子建立一个良好的睡眠环境。临睡前要降低孩子的兴奋度,不能进行过多的激烈活动,尤其是不要让孩子玩刺激性的游戏,这样孩子才能快速入睡。

3. 分清白天黑夜

孩子白天和晚上睡觉时间颠倒了是发生夜哭的原因之一。孩子白天睡多了,晚上就不睡,就可能出现夜哭现象。遇到这种情况,重要的是改变孩子白天睡觉的习惯。白天孩子睡醒后,家长要和孩子说说话,用玩具去逗引孩子,和孩子一起玩耍,做做游戏,在游戏中让孩子得到成长,同时消耗体力,这样到晚上孩子就睡得香了。

4. 舒缓孩子情绪

孩子夜哭一般是由兴奋或惊吓引起的,只要家长注意调节方法,舒缓孩子情绪,营造和谐的家庭氛围,是可以克服的。比如,白天避免带孩子到人多嘈杂的公共场所,以免孩子受到惊吓;临睡前,让孩子听轻缓的音乐等,舒缓孩子情绪,都可以促进睡眠。

5. 积极进行治疗

一旦发现孩子身体异常，应及时让医生帮助检查，以进一步诊断并及早治疗。比如，孩子肠绞痛，可抱起宝宝有规律地轻轻摇一摇，并轻柔地按摩一下小肚子，或用温毛巾放在宝宝胃部，以舒缓不适感。如果上述方法均不能奏效，请尽快到医院做进一步诊断，在医师指导下使用一些抗组织胺、镇静剂等药物；缺钙导致的孩子夜哭，家长需要为孩子补充维生素D和钙剂，多带孩子晒晒太阳，如果孩子出现严重的佝偻病迹象，要及时求助专业的儿科医生；孩子患上中耳炎、疼痛、发烧或疝气等，家长要注意仔细聆听孩子哭声和观察孩子身体状况，及时带孩子就医诊治。

橙橙妈妈，家长能否满足孩子生理和心理的需求，是亲子间情感依恋建立的基础。所以，孩子的每一次啼哭，家长都要细心地倾听，学习和了解孩子的这种语言，读懂孩子的心，并能够积极有效地处理，为孩子提供一个安全舒适的环境，保证孩子各项生理和心理功能的顺利发展。只有这样，亲子间的纽带才会越系越牢。我相信，经过你们的努力，一定会很好地处理孩子夜哭的。

最后，祝您全家身体健康，快乐幸福，事事如意！

此致

敬礼

殷老师
2015 年 5 月 5 日

怕生还须多适应
——如何解决孩子的怕生问题

蕊蕊爸爸：

您好！

来信已收悉。您在来信中谈到你们夫妻两人生育了两个女儿，大宝红红已经 5 岁，正在幼儿园上小班，二宝蕊蕊才 25 个月。蕊蕊周岁以后就一直跟着奶奶，奶奶把她照顾得很好，由于奶奶很少出门，蕊蕊非常怕生。上周四，蕊蕊妈妈把蕊蕊带到厂里，蕊蕊不敢跟陌生人讲话，人家怎么逗她，她都不理人家。前天晚上，您的同事到您家里来，蕊蕊就一头扎进妈妈怀里，不仅不让您的同事抱，还低着头不肯打招呼，甚至哇哇大哭。昨天下午，您带蕊蕊去了游乐园，她也是特别地害怕，没敢放开来玩，总是抱着您的腿，叫着要您抱。看到孩子这么怕生，您心里真不是滋味，但又不知道该如何解决孩子怕生的问题。

蕊蕊爸爸，怕生是孩子发育过程中必然经历的阶段，可看作正常现象，一般孩子出生以后五六个月开始出现，1 周岁左右达到高峰，心理学称为"陌生人焦虑"。自从孩子会爬后，孩子的活动范围扩大，于是开始脱离照料者的视线，看到陌生人就会用哭闹的方式吸引照料者的注意。因此，怕生其实是一种先天的自我保护机制，是孩子社会性发展到一定程度的体现，是孩子感知、辨别和记忆能力、情绪和人际关系获得发展的体现。但如果孩子一岁半以后还出现怕生现象，可能与孩子先天个性、家庭教养态度和教养方式有关，就要引起家长重视，并采取合适的方法加以矫正。

蕊蕊爸爸，2 岁左右的孩子仍然怕生，虽然不属于疾病，但却会阻碍孩子交往和社会能力的发展，容易产生封闭、孤僻、忧郁等不良心理，有必要及时加以矫正。那么，应该如何矫正孩子怕生这种现象呢？

1. 接纳孩子情绪

当孩子遇到陌生人哭闹时，不少家长会觉得很没面子，往往会说孩子怕生，这实际上是给了孩子一个负面暗示，孩子就会觉得自己就是怕生的孩子。因此，家长要淡定坦然地接纳孩子的情绪，不批评，不强调，孩子成长以后，自然而然就会变得大方起来。

2. 扩大交往范围

对于怕生的孩子，家长可以先从孩子比较熟悉的人开始，扩大孩子的交往范围，然后让孩子接触有少数陌生人的环境，再逐渐接触陌生人比较多的环境。这样，孩子就会逐渐适应与陌生人交往，提高适应陌生环境的能力。

3. 模拟交往场景

如果孩子害怕陌生人，家长不妨在客人上门前先为孩子做好心理准备，比如，有多少客人、都是些什么人、孩子应有的礼节等。家长还可以扮演客人角色，与孩子先进行模拟演练，降低孩子恐惧怕生的心理。

4. 增强孩子自信

心理学研究发现，年龄较小的孩子不能独立评价自己，往往借助他人对自己的评价，来判断自己的"好坏"。家长平日与孩子沟通时，要多表扬赏识，满足孩子心理上的期待，尽量少用批评、责备的语言。如果孩子经常受到家长批评，就会对自己产生负面的评价，自信心大大受损，在遇到陌生人时也容易畏首畏尾。

5. 切忌强迫孩子

家长应努力创造舒适自然的环境，尊重孩子的交往需求。如果孩子实在不愿意叫陌生人"叔叔""阿姨"，或者不肯在陌生人面前表演节目，家长就不要勉强孩子，以免适得其反。

蕊蕊爸爸，克服孩子怕生是个漫长的过程，家长既不用操之过急，也不要过度担心。只要保持平和的心态，多带孩子出去接触朋友，多给孩子适应的时间，孩子一定会变得越来越开朗大方的。我相信，经过你们的努力，孩子一定会克服怕生的。

最后，祝您全家身体健康，快乐幸福，事事如意！

此致

敬礼

殷老师

2015 年 6 月 7 日

社交退缩怎么办
——如何矫正孩子的退缩行为

巧巧妈妈:

您好!

来信已收悉。您在来信中谈到您生育了两个女儿,大宝灵灵今年7岁,正在幼儿园上大班。二宝巧巧今年6岁,正在幼儿园上中班。灵灵性格活泼,巧巧沉默闭锁,有时您带孩子下楼,灵灵会主动地找小朋友玩,而巧巧总是缩在一旁,自己玩自己的。据幼儿园老师反映,巧巧在班上从不主动与小朋友说话,上课时从不敢举手发言,老师提问时,嗫嗫嚅嚅地说话,声音像只蚊子,有好几次憋尿憋急了,也只是发出哼哼的响声,不敢向老师主动要求上厕所,导致尿撒在裤子上。看到孩子的这种情况,您心里感到非常担忧,但又不知道该怎样矫正孩子的这种社交退缩行为。

巧巧妈妈,孩子出现孤僻、胆小、退缩,不愿与其他小朋友交往,更不愿到陌生的环境中去,这种现象称之为“儿童退缩行为”,多见于5~7岁的孩子。儿童退缩行为与孩子先天适应能力、后天教养方式和同伴关系等因素有关。一个正常的孩子,突然到了一个完全陌生的新环境,或遇到了惊吓、恐怖的情景,出现少动、发呆、退缩等行为表现,这是正常的适应性反应。随着时间的推移,绝大部分孩子会对所处的环境逐渐适应,并在活动中主动发展自己适应环境的能力。但是,有退缩行为的孩子却一直很难适应新环境,胆小、孤僻、不合群、不自信,很少参与集体活动,出现沟通问题。

巧巧妈妈，儿童退缩行为如果不及时矫治，就会阻碍孩子正常的心理发育，影响孩子今后的生活和学习，而且容易成为成年后严重心理障碍和社会适应不良的种子。因此，有必要及时加以矫正。那么，应该如何矫正孩子的社交退缩行为呢？

1. 环境熏陶法

环境是重要的教育资源。家庭环境是一种隐性课程，能对孩子的认知、情绪以及社会性发展产生重要影响。家长要重视创设有利于孩子与外界积极互动的环境，耐心倾听孩子诉说，仔细观察孩子的一言一行，找出问题的症结，并主动为孩子牵线搭桥，发展孩子的社会化行为。

2. 游戏矫正法

有研究发现，幼儿的同伴互动主要发生在游戏活动时间。这是因为在游戏活动时间里成人对孩子的控制较少，幼儿的心理气氛比较宽松。因而家长要想方设法组织孩子和同伴之间的游戏活动，比如，利用"找朋友""一起玩"等活动让孩子尽快在新的环境里结识小朋友，消除孩子的孤独感和陌生感；再比如，组织"开火车""骑小马""拉拉狐狸的大尾巴"等精彩有趣的游戏，促进孩子的认知发展和社交活动。

3. 模仿学习法

美国心理学家班杜拉的社会学习理论指出，学习就是从模仿开始的，模仿是孩子智力活动的本能，是孩子日常生活和学习中常见的行为表现和思维表现。根据这一理论，家长就要从实际出发，考虑孩子的可接受性，为孩子选择学习观察的榜样进行行为的模仿。首先，从图片、录像、影视模仿入手，让孩子观看有关同伴之间互相友爱的图片或短片，亲身感受友好相处产生的积极情绪体验，以引起共鸣。其次，适时转入现场模仿，更多更清晰地观察榜样示范行为，以增强真实性和直观性，让孩子深切感受榜样交往活动中的喜悦。最后，让孩子自己逐步由简单到复杂地参与社交实践活动，在活动中产生愉快情绪，增强体验。

4. 行为塑造法

行为塑造法就是给有退缩行为的孩子设定一个矫正目标，然后将矫正目标分解成若干个小目标，每完成一个小目标，给予相应的鼓励，再进行下一个小目标，这样不断推进，直至达到最后的矫正目标。

5. 正向强化法

首先，家长要根据孩子对各种强化物的喜爱程度，选择合适的强化物，比如玩具、食品、动画片、拥抱等，建立起退缩行为减少与正强化物之间的联系。其次，适时适度地施加正强化。当孩子的退缩行为有所减弱时，哪怕是点滴的进步，家长立即给予强化，让孩子及时得到有效强化物。再次，巩固提高，循序渐进。最后，逐渐脱离强化程序。当孩子达到期望目标时，家长逐步引导孩子脱离强化程序，逐步减少强化次数，逐步降低强化物等级，并消除具体强化物，使用社会性强化物代替，直至在自然状态下行为得到改善。

巧巧妈妈，矫正孩子社会退缩行为，需要家长设定明确具体的训练目标，由易到难推进。训练的内容应是多方面的，训练的方法也应多样化，而且孩子交往能力和语言的训练必须紧密结合，相辅相成。这样，才能收到事半功倍的效果。我相信，随着你们的努力，孩子社交退缩行为一定会得到矫正的。

最后，祝您全家身体健康，快乐幸福，事事如意！

此致

敬礼

殷老师

2015 年 6 月 20 日

稳重方能成大业
——如何矫正孩子的多动行为

琛琛爸爸：

您好！

来信已收悉。您在来信中谈到您家二宝琛琛是个男孩，今年 4 岁，正在幼儿园上小班。琛琛从小就比较好动，您怀疑是否有多动症。前天，您带琛琛去图书馆，给琛琛选了一本绘本故事，准备让琛琛自己阅读，您自己则在电脑上查资料。谁知琛琛不读绘本，一会儿拉拉这个小朋友，一会儿拉拉那个小朋友，把图书馆书架上的书翻得七零八落。图书馆工作人员制止他，琛琛不仅不听劝告，而且还和图书馆工作人员顶撞起来。图书馆工作人员没有办法，准备把他送到您跟前，琛琛竟躺在地上，一边打滚，一边喊："不要啊，不要啊！"很多小朋友都来看热闹，弄得您资料也没查到，匆匆带他离开了图书馆。昨天家里来了客人，琛琛就在客厅里来回走动，乱跑乱爬。有时站在凳子上身体大幅度地摇晃，不停地旋转椅子，有时自娱自乐，不断地吮吸着手指。面对孩子的这种情况，您心里非常着急，不知道该如何矫正孩子的这种多动行为。

琛琛爸爸，琛琛的行为确实是多动的表现，但是不是多动症，我在这里不能明确答复您，因为是否是多动症要经过医学上的诊断。孩子多动主要表现为活动过多、注意力分散和冲动行为，这可能与孩子的遗传因素、早期环境和教育有关。多动使孩子主动注意减退，被动注意增强，明显影响孩子的正常活动、身心健康以及交往能力。

琛琛爸爸，多动的孩子注意力涣散、活动过多、冲动任性、自控能力差，如果不及时矫正，会严重影响孩子今后的学习。那么，应该如何矫正孩子的多动行为呢？

1. 坦然面对现实，积极寻求对策

首先，家长要正确认识孩子的多动行为，理解孩子的表现，包容孩子的过错。其次，要做好孩子情绪的示范。尽量减少不良言行和不良情绪对孩子的影响。再次，确定改变的目标。针对孩子身上存在的问题，家长要提出具体的矫正目标。如果缺乏目标，将使矫正行为缺少坚定性，变得杂乱和无序，降低教育效益。最后，制订详细的方案，随时做好观察记录工作，并根据记录表，分析教育效果，改进矫正策略。

2. 突出优势智能，强化适宜行为

加德纳的多元智能论认为，每个人的智能是多元的，并非每个方面都能达到最高水平，但有其优势智能。因此，家长要突出多动孩子的优势智能，不断鼓励孩子的优点和长处，让其优势智能带动其他智能，让孩子学会用新的有效的行为来替代不适当的行为模式，推动孩子的注意力发展。

3. 设计游戏活动，提高自控能力

美国著名学者巴克利认为，多动行为只是表面现象，背后的机制是孩子大脑神经接受刺激容易产生兴奋，但又不能自控。多动的孩子自控能力较差，要改变他的行为，就要提高他的自控能力。游戏是提高自控能力的有效途径。比如，借助积木搭桥、钻呼啦圈、建房子等游戏活动，特别是游戏里边的规则，孩子就会在不知不觉中学会礼让，学会秩序。

4. 提出清晰要求，改变不良行为

首先，家长要帮助孩子认识到多动行为的危害性，增强克服多动行为的自觉性。其次，通过生动形象的故事和儿歌，比如《小猫钓鱼》《学好样》等，使孩子懂得好动是学不好本领的，增强孩子克服多动行为的自觉性。再次，对孩子提出具体的要求，让孩子明白可以做什么，不可以做什么。在执行过程中，给予孩子一些必要的暗示，及时提醒孩子遵守要求，养成

良好的习惯。

5. 培养静态兴趣，稳定其注意力

兴趣是最好的老师。对于多动的孩子，家长要注意培养孩子阅读、听故事、绘画等静态兴趣，训练孩子在从事自己喜欢的活动中增强注意力，减少不良行为的发生。

6. 注意科学诊断，及时去看医生

孩子是否是多动症，要经过专门的医疗机构诊断以后才能确定。一旦确定，就要及时进行治疗，在医生的指导下进行药物治疗和行为训练。

琛琛爸爸，多动行为是孩子成长过程中的不良行为习惯。面对这种不良行为习惯，我们既要承认和正视，更要以积极的态度去研究，寻找合适的措施，发展孩子的优势智能，强化适宜行为，提高孩子的自控能力，为孩子搭建发展的平台，帮助孩子健康快乐地成长。我相信，经过你们的努力，琛琛多动的行为一定会得到矫正的。

最后，祝您全家身体健康，快乐幸福，事事如意！

此致

敬礼

殷老师
2015 年 6 月 30 日

51

为何眼睛眨不停
——如何预防孩子的抽动症

路路妈妈：

您好！

来信已收悉。您在来信中谈到您生育了两个男孩，大宝勇勇今年 6 岁，正在幼儿园上中班，二宝路路今年 4 岁，将要上幼儿园，路路不足月就出生了。三个月前您发现勇勇经常调皮似的眨眼，做出奇怪的动作，当时也没有在乎，谁知最近勇勇不仅频繁眨眼，而且出现了挤眉、吸鼻、噘嘴等现象。昨天下午，您带勇勇到医院做了个检查，医生说孩子患上了抽动症，需要进行治疗。看到勇勇的症状，您非常担心早产的路路也会出现类似情况，不知道该如何预防抽动症。

路路妈妈，抽动症是一种以多发性不自主的抽动、语言或行为障碍为特征的综合征。有抽动症的孩子肌肉会不自觉地抽动，起始抽动症状比较轻，通常以眼、面肌开始抽动，而后抽动症状逐渐加重，牵涉部位更广，从头部发展到颈、肩、上肢、躯干及下肢，形成多部位的抽动。随着时间的推移，还可能出现各种难以克制的、形态奇特的运动抽动，比如，刺戳动作、脚踢、下蹲、走路旋转等。孩子的抽动症与遗传因素、怀孕期母亲的生活方式、服药、孩子的体质、情绪因素和脑功能轻微障碍等因素有关。孩子大脑内控制眼部肌肉运动的神经递质密度降低，失去信息表达的功能，就会导致孩子动作不受控制，出现频繁眨眼的现象。随着病情的发展，各种功能的脑神经递质密度均降低，孩子就会交替出现耸肩、踢腿、甩胳膊等大幅度动作。

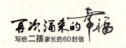

路路妈妈，抽动症会使孩子经常不自主地抽动和发声，容易使孩子注意力分散；抽动的行为会遭到他人的嘲笑和奚落，给孩子的心理造成很严重的影响，留下阴影与创伤，使孩子养成自卑孤僻的性格特点，严重影响孩子的社交和以后在社会中的发展。那么，应该如何预防 4 岁左右的孩子患上抽动症呢？

1. 创造温馨环境

家长要创造温馨和谐的生活环境，尽量给孩子关爱和温暖，使其心情舒畅，使孩子在轻松愉快中度过童年，切忌期望过高、要求过严或管教方式生硬，以防引起孩子紧张、惊吓、压抑、自卑等心理状态。

2. 养成良好习惯

家长一方面要给孩子制定合理的作息时间，让孩子适当到室外活动，得到日光照射，呼吸新鲜空气，增强孩子的新陈代谢及免疫功能，但要注意室外体育锻炼和体力劳动的强度，避免孩子出现过度疲劳。另一方面要随时注意季节的变化，特别在春秋季感冒的高发期，及时给孩子增减衣物，以防感冒使孩子体质降低，引发多动症。

3. 减轻心理负担

心理负担也会导致抽动症的出现。家长要培养孩子活泼开朗、积极向上的性格，多和孩子沟通，多给孩子关爱，教育孩子少看过分刺激的电视情节，不玩跌宕起伏的游戏，不看恐怖影视剧，教会孩子和同学和善相处，不打架斗殴。发现孩子有心理问题及时解决，及时引导孩子宣泄，避免孩子长期存在心理压力、精神紧张、情绪波动等问题。

4. 饮食科学合理

家长需要注意给孩子合理的营养，使孩子养成良好的饮食习惯，不偏食、不挑食，不吃生冷油腻及铅含量较高的食品，尽量少吃辛辣、海鲜和膨化食品，饮食以清淡且营养丰富为主。

5. 留心观察症状

如果孩子出现的症状与抽动症的症状类似，家长应立即带孩子去正规医院的专业科室检查治疗，遵照医嘱按时按量用药，并通过转移孩子注意力的方法，比如听歌、跳舞、画画、游戏等，有效缓解孩子病症，保护脑组织，减轻病症对孩子的不良影响。

路路妈妈，抽动症是危害孩子健康的疾病，不仅对孩子的身心造成伤害，同时也会为家庭带来不可忽视的负担。家长要尽量给予孩子关爱和温暖，帮助孩子养成良好习惯，注意孩子饮食合理，保持孩子心情舒畅，留心观察孩子的行为表现，这是预防疾病也是尽快治愈不可缺少的条件。我相信，经过你们的努力，孩子抽动症的预防一定会取得明显效果的。

最后，祝您全家身体健康，快乐幸福，事事如意！

此致

敬礼

殷老师
2015 年 8 月 13 日

淡定面对反抗期

——如何预防孩子的反抗行为

翔翔爸爸：

　　您好！

　　来信已收悉。您在来信中谈到你们夫妻两人生育了两个儿子，大宝良良已经 13 岁，正在上初一。良良进入青春期以后，逆反心理非常严重。昨天早上天气有点阴暗，乌云翻滚，良良出门上学时，您告诉良良带好雨伞，良良偏不带，谁知 8 点多钟就开始下雨，一上午就没有停过。中午回家吃饭时良良满身潮湿，就像"落汤鸡"一样，您忍不住说了孩子几句，良良竟然和您顶起嘴来。二宝翔翔今年刚 3 岁，明年准备上幼儿园，翔翔性格开朗，活泼好动，但就是不爱喊人。翔翔 1 岁多时您就带着他参加各项活动，并且引导他喊人，告诉翔翔懂礼貌才是好孩子，当时翔翔还听话，可是现在却又不喊了。您给翔翔讲道理，翔翔都懂，但一遇到生人让他喊，翔翔却不肯喊，这让您感到很没面子。昨天上午下雨，翔翔在屋里呆的时间长了，非要出去玩，您说："翔翔，外面下着雨，我们怎么出去？""不行，就要出去，就要出去！"说着就拽起您的手，拉着往外走。眼看两个孩子都出现反抗行为，您心里感到非常烦恼，对于良良出现的情况，您还有点心理准备，您就不明白翔翔为什么也会出现反抗行为，并且不知道应该如何预防这种行为。

　　翔翔爸爸，反抗行为是孩子对某种事物产生的一种否定性的心理趋势和行为倾向，主要表现为孩子认识上的逆反以及情绪和行为上的对抗。孩子反抗行为的产生主要与孩子的自我意识发展、社会环境的影响和家庭的教养方式等因素有关。随着孩子年龄的增加，自我意识不断增强，3～4岁的孩子会迎来一个反抗期。这个时期孩子的脑反射活动中，神经的兴奋过程比抑制过程占优势，孩子显得更加活泼好动，而且容易激动，体力活动和脑力活动的承受能力比以前有所加大，开始出现强烈的独立愿望，希望能独立处理一些事情。可是家长这时候认为孩子的实际能力与希望所做的事情还有很大的差距，孩子的自我服务不仅不能给家长减轻负担，有时候反而会带来意想不到的麻烦，正是由于这种孩子强烈的独立意识与家长的不理解和不支持之间的矛盾，导致孩子出现反抗行为。

翔翔爸爸，孩子的反抗行为有其积极的一面，是孩子迈向自立的第一步，是孩子具有主动性和创造性的体现。所以，当孩子出现反抗行为时，家长应该为孩子在自己人生中表现出的标志性进步感到高兴，不能受孩子反抗行为的烦扰而祈求没有反抗期出现，或是极力压制孩子的反抗行为。当然，家长也不能放任孩子反抗行为的发展。如果对孩子的逆反期放任自流，让孩子长期持续这种状态，事事都反抗，不但不能帮助孩子形成良好的个性，还会导致孩子许多不良行为的产生。那么，应该如何预防幼儿的反抗行为呢？

1. 多项选择减少冲突

在亲子间产生冲突的时刻，家长没必要坚决坚持自己的意见，可以通过给孩子多个选择来减少冲突。比如，"孩子，要起床了，我们今天还有很多事情要做。假如你还不想起床的话，可以选择听一个故事或者睡十分钟，你选择哪个？"这类多项选择法在与孩子打交道的进程中非常有用，由于方案是自己选择的，孩子履行起来会非常爽快。

2. 带领孩子离开现场

孩子情绪激动时，家长可以通过带孩子离开现场的方法，让孩子平静下来，避免冲突的发生。比如，孩子在超市里大吵大闹地要买饮料，家长不能因为周围人的目光让他得逞。可以把孩子带出来，用平静的语言告诉他："因为你的表现很差，所以不能给你买饮料。如果你想喝饮料应该心

平气和地说出来。"慢慢地，孩子就会学会用语言表达自己的想法。

3. 角色扮演转变态度

轻松的亲子游戏能让孩子学会换位思考，体验家长的感受。比如，家长可以装成一个极不听话的孩子，让孩子饰演家长的角色，体谅家长的良苦用心。通过角色扮演，可以使孩子形成新的态度和行为方式，亲子之间的对抗自然会减少很多。

4. 给予孩子成功体验

每个孩子都有被尊重和成功的需要。家长要了解孩子的内心需要，努力捕捉孩子反馈的每一个信息，给予孩子成功的体验。比如，家庭要举行生日宴会，孩子说出了自己的想法，家长可以说："你这个想法不错，如果再加一点或再改一点，可能效果更好。"这样，可以让孩子产生向上的动力，给孩子的自我表现欲找到最佳的释放点。

5. 避免形成超限效应

刺激过多、过强且作用时间较长，从而引起被刺激者产生极不耐烦、讨厌或反抗心理的现象叫做"超限效应"。要避免超限效应的形成，家长批评孩子要注意场合和措辞，要注意对事不对人，着眼点放在如何改正上，而不是揪着错误不放。

翔翔爸爸，反抗行为是孩子成长过程中的必经阶段，家长只有对孩子的情绪和行为表现进行细致的观察，掌握孩子身心发展规律，倾听并满足孩子的合理需求，引导孩子表达自己的心理感受，帮助孩子正确认识问题，才能更好地找到孩子反抗行为的解决策略，帮助孩子顺利度过反抗期。我相信通过你们的努力，一定会很好预防孩子的反抗问题的。

最后，祝您全家身体健康，快乐幸福，事事如意！

此致

敬礼

殷老师

2015 年 9 月 11 日

53

引导补救防破坏

——如何纠正孩子的破坏行为

点点爸爸：

您好！

来信已收悉。您在来信中谈到您家二宝点点是个男孩，刚满三岁半，身高略高于同龄孩子，动作敏捷迅速。但是，最近您发现点点突然变成了"破坏大王"，东西一旦到了点点的手里就会拆得七零八落；给点点一本画册，他会一页一页地撕破；给点点一个玩具，他玩一阵便将其拆开或砸坏；点点在和同伴一同玩游戏的过程中，也常常将同伴刚做好的东西推倒或者弄坏，被人发现或指责之后，点点的破坏行为会有所收敛，但很快又会重复；您带点点去公园，点点会摘花、折枝等等。为此，小朋友们越来越不喜欢和点点玩了，对此您感到非常头疼，不知道该如何纠正孩子的这种破坏行为。

点点爸爸，孩子的这些行为属于破坏行为。孩子的破坏行为既可能与孩子正常的探索有关，孩子在强烈的好奇心驱使下，为了验证自己的想法或进行自发的游戏，会进行一些拆解或组装的行为；又可能与孩子遭受的不公平待遇有关，孩子虽然年龄小，但对不公平待遇的体验却很敏感，一旦觉察到成人或同伴对其的不公平评价和行为，就会奋起反抗。由于年龄小的缘故，孩子所积累的解决问题的方式有限，故常常以破坏行为来进行反抗；也可能与孩子宣泄不良情绪有关。心理学研究表明，内心过多的压抑和孤独感会导致孩子的攻击行为或是破坏行为的增多。孩子年龄小，情

绪很不稳定，生活中稍有一点不满足、不如意，就会大发雷霆，破坏正常秩序和物品。当然，孩子的破坏行为还可能与孩子寻求关注、模仿心理和自控力差等因素有关。

点点爸爸，恶意的破坏行为会直接影响孩子与伙伴之间的交往，导致同伴关系的恶化，影响孩子性格、能力等个性心理的正常发展，若不及早进行干预，破坏行为很有可能转化为暴力行为。那么，应该如何矫正孩子的破坏行为呢？

1. 认知改变法

家长要提高孩子思考问题、分析问题和明辨是非的能力，让孩子充分认识破坏行为的危害，破坏行为只会受到伙伴的厌恶和唾弃，使自己更加孤立。当孩子遇到不公平待遇时，家长要启发孩子讲明情况，澄清事实，而不是采取冷漠或镇压的手段；当孩子做出发泄不满情绪的不良行为时，家长应严肃指出错误，督促孩子改正。

2. 故事教育法

瑞士著名的心理学家皮亚杰认为，幼儿期的孩子，特别是三四岁的孩子普遍存在一种独特的心理现象——泛灵心理。泛灵心理，就是这个时期的孩子把所有的事物都视为有生命和有意向的东西的一种心理倾向。家长可以利用孩子的泛灵心理，讲述《物品的苦恼》的小故事：我听到你的物品在哭泣，它向我哭诉说，为什么我会支离破碎，肮脏不堪，现在，其他的物品都不理我了，嫌我难看，嫌我很脏。我真苦恼！我好想自己能够像以前一样整洁漂亮啊！那样，你依然是我最喜欢的小伙伴！

3. 行为替代法

孩子的某种需求达不到，破坏性行为就会产生。因此，家长要教给孩子另一种能合理满足这种需要的行为，比如跑步、打球、游泳、画画、唱歌、劳动等，以此来替代破坏性行为。在行为替代时，要尽量不露声色，防止孩子通过破坏性行为逃避替代活动。

4. 淡化注意法

当孩子出现破坏性行为时，要及时带领孩子离开现场，尽量不要给予孩子过多的关注。家长关注的越多，不仅会强化孩子的破坏性行为，而且会使孩子感到焦虑，诱发更多的破坏性行为。

5. 合理宣泄法

家长要引导孩子以适当的方式将消极情绪宣泄出来。比如，开设情绪渲泄区，设置一些沙袋让孩子发泄自己的情绪；引导孩子大声喊出来，乱涂乱画等等，这样合理宣泄，有利于孩子恢复正常的情绪状态。

6. 引导补救法

家长要让孩子懂得：如果损坏了公共财物，就应该做一些事情来补救。比如，从自己的玩具中拿出一件来作为赔偿，使孩子对自己的行为进行更多的、更负责任的思考。通过这一方法，可以使孩子认识到什么是可以做的，什么是不可以做的，从而建立起内在约束力。

点点爸爸，从小培养孩子的社会公德意识是至关重要的，"勿以善小而不为，勿以恶小而为之"。养成一个坏习惯很容易，但是改掉一个坏习惯却很难。作为家长，有责任和义务教育孩子维护良好的公共秩序，爱护公共财物。只要孩子拥有一颗公德之心，遵守规章制度，就能保证公物的完好无损与正常使用。我相信，经过你们的努力，孩子的恶意破坏活动一定会得到矫正的。

最后，祝您全家身体健康，快乐幸福，事事如意！

此致

敬礼

殷老师

2015 年 10 月 10 日

打滚行为须矫正
——如何纠正孩子的打滚行为

旺旺妈妈：

　　您好！

　　来信已收悉。您在来信中谈到您八年前结婚，生育了两个儿子，大宝龙龙今年 6 岁，正在幼儿园上中班，二宝旺旺刚满两岁半。一年前你们夫妻由于感情不和离婚了，龙龙判给了他爸爸，旺旺判给了您，你们母子住在娘家。外公外婆对旺旺很溺爱，旺旺几乎是过着"饭来张口衣来伸手"的生活，形成了刁蛮的不良品质，要求稍不满足就在地上打滚。上周日下午，外婆买回家一些葡萄，旺旺看到后，要把一整盘葡萄全拿走，您没同意，只拿了一串给他。旺旺就开始哭闹，屁股往地上一坐，顺势躺下来，滚来滚去，然后使劲用头撞地。看到孩子这么不讲理，您一下子愤怒了，忙命令道："哭什么哭！你给我停下来！这盘葡萄是大家一起吃的，不能全给你。"谁知孩子不但不停止大哭，还在地上滚得更厉害了。看到这种情形，您的火气越飙越大："连我的话都敢不听了！我今天非得教训教训你！"于是，您对着孩子就是一顿打骂。看到孩子经常打滚的情形，您感到束手无策，不知道应该如何纠正孩子这种不良行为。

　　旺旺妈妈，孩子打滚主要由两方面原因引起，一是家长的过度溺爱，二是孩子成长过程中的逆反心理。现在的孩子都是家里的"小皇帝"或"小公主"，长辈对孩子百般溺爱，孩子要求稍不满足，哭闹打滚就成了孩子的杀手锏，孩子发现屡试不爽，出现的频率就会逐步增多。同时，随着孩子年龄的增长，孩子自我意识开始发展，逆反心理越来越严重，不断反抗家长的教育，希望按照自己的方式做事。但孩子年龄还太小，处理事情的能力有限，不知道行为的后果，往往通过哭闹打滚来满足自己的需求。

旺旺妈妈，孩子打滚得不到及时纠正的话，将会影响孩子自我意识的发展，影响孩子的人际交往，强化孩子不良个性品质，妨碍孩子的心理健康，对孩子顺利成长非常不利。那么，应该如何纠正孩子的打滚行为呢？

1. 平静心境

孩子打滚时，家长不要大惊小怪。当家长平静下来的时候，会产生一种力量，有了这种力量的帮助，孩子也会很快平静下来，这样孩子才能学会更符合社会规范的沟通方式。如果家长表现得情绪激动或对孩子的行为表现得很愤怒，对孩子大吼大叫，甚至打孩子，孩子就会更加不知所措，更会用激烈的方法表达自己的情绪，就会学习以暴制暴。

2. 接纳情绪

孩子的情绪在被家长认同后，孩子才会逐渐自我认同，进而学会控制情绪。比如，当孩子出现用头撞地等过激行为时，比较好的方法是家长陪在孩子身边，用放松的体态、轻柔的抚摸来认同情绪，然后再用正面的语言引导孩子认识和释放情绪。如果家长对孩子的情绪非常排斥，孩子的内心会非常痛苦，这种痛苦会导致负面强化，孩子的过激行为持续时间反而会更长。

3. 正确示范

幼儿时期的孩子主要通过模仿进行各种学习，家长的正确示范是孩子模仿的重要来源。家长可以陪孩子读与情绪控制有关的绘本、看有关的动画片、一起做游戏，在活动中亲自演示什么是情绪，如何处理和控制情绪，让孩子在观察学习中不断成长。

4. 转移注意

孩子注意力易分散，易为新鲜的事物所吸引，家长要善于把孩子的注

意力从坚持的事情上转移到其他新奇有趣的物品或事情上。比如，在玩具商场里，孩子一定要买一个上百元的变形金刚而准备哭闹打滚时，这时家长不要直接回答买还是不买，可以引导孩子："前面还有更好玩的东西，我们赶紧去看看。"孩子一般会相信商店里还有更好的东西，这样家长可以带着孩子边走边看边讲解，孩子很容易会将刚才的事情忘掉。如果孩子还是蛮不讲理，家长可以将孩子果断抱离公共场合，找个偏僻或安静的地方进行教育，或者进行冷处理，忽视孩子的行为。

5. 适度惩罚

对于年龄小的孩子，只靠正面教育是不够的，适当惩罚也是一种极为有效的教育手段。比如，孩子要喝饮料不肯吃饭满地打滚时，家长既不要责骂，也不要威胁，只需把饭菜都收起来。孩子饿时，告诉他肚子饿是不吃饭的结果，孩子尝到饿的滋味后就会按时吃饭了。

旺旺妈妈，作为家长应该认真地看待孩子的打滚行为，分析打滚的根源或动机，施以合适的教育。俗话说"只要功夫深，铁杵磨成针"，只要持之以恒地教育，唤醒孩子沉睡的心灵，孩子就会恰当地表达自己的需要。我相信，经过你们的努力，孩子的打滚行为一定会得到纠正的。

最后，祝您全家身体健康，快乐幸福，事事如意！

此致

敬礼

殷老师

2015 年 11 月 13 日

脏话粗话说不得
——如何预防孩子的脏话粗话

奇奇妈妈：

　　您好！

　　来信已收悉。您在来信中谈到您生育了两个孩子，大宝妮妮是个女孩，今年 5 岁，正在幼儿园上小班，二宝奇奇是个男孩，刚好 30 个月。最近，您发现奇奇嘴里总冒出"狗屎""笨蛋""放屁"等脏话。昨天早上，奇奇在不亦乐乎地玩拼图，碰到拼错时，奇奇小嘴里不时地蹦出"他妈的，怎么又错了"的脏话。昨天晚上，奇奇在乐滋滋地看《大头爸爸和小头儿子》这部儿童电视剧，他奶奶凑上来问他某个情节，却不料，奇奇冲着奶奶脱口而出"你怎么像个白痴"，你们听后都惊呆了。看到儿子的这种表现，您心里有点担忧，但又不知道该如何纠正奇奇这种说脏话粗话的现象。

　　奇奇妈妈，孩子说脏话粗话与家庭环境、影视媒体影响和发泄情绪等因素有关。孩子说脏话按照幼儿的心理发展水平，可分为三种。一是模仿性脏话：年幼的孩子往往没有是非观念，家庭或影视媒体中说一句骂人的话，他觉得很好玩，也跟着骂人，这是孩子说脏话的一种普通心理。二是习惯性脏话：如果孩子的模仿性脏话得到成人的默许或者赞赏，那么，孩子说脏话就会成为一种习惯。三是有意识的脏话：3 岁以上的孩子说脏话时，除了出于好玩，互相模仿外，还具有一定的选择性，他们能够初步理解脏话的含义，并对特定的对象说脏话，这就是一种有意识的行为。当然，也有些孩子是在与小伙伴发生矛盾或者受了欺负时被迫说脏话，以说脏话来发泄自己的不满。

奇奇妈妈，说脏话粗话是一种不文明的行为，是缺乏教养的表现，它直接影响到孩子与伙伴之间的交往，轻者有伤和气，重者引发他人怨恨和报复。那么，应该如何纠正孩子说脏话粗话呢？

1. 熏陶法

家长一方面要注意自己的用语习惯，给孩子营造一个文明的话语环境。另一方面要给孩子选择好影视节目和绘本作品，让孩子接触礼貌的语言，在良好的外部环境中接受熏陶。

2. 忽略法

孩子由于年龄小，处理语言的正负信息的能力还不够强，对语言概念的识别能力较弱，不明白什么是骂人话，什么是文明话。所以，当孩子说骂人话时，家长应当作没听见，嘴巴上不回应，表情上无反应。只要家长不过分关注或以此为乐，孩子就不会对脏话粗话留下深刻印象。

3. 引导法

现在信息传递快，途径广，孩子容易接触到不良的生活环境。如果绘本读物、电视剧、动画片等中有相关的污秽画面和粗暴语言，家长就要给孩子相关的指引，给孩子分析这些是反面教材，比如，像光头强、熊大、熊二这样经常说脏话的人是交不到朋友的。家长带孩子去公共场所时，如果发现周围的人讲脏话，家长可以借机教导孩子，经常这样讲会得到别人的批评，而且交不到好朋友。所以，做一个乖孩子，就要学会与他人和睦相处，拒绝说脏话。

4. 远离法

家长要关注孩子周围小伙伴的情况，为孩子选择讲文明、懂礼貌的伙伴，以减少孩子说脏话粗话的机会。遇到有人有意教孩子说脏话粗话，家长应郑重警告，尽量让孩子远离这些环境，否则再纯净的孩子也会被污染的。

5. 惩罚法

当孩子说脏话粗话后，家长要严肃批评。批评时可以向孩子提出下列问题：为什么要说脏话粗话？说脏话粗话能解决什么问题？被骂者会对你怎么看？通过询问使孩子认识到说脏话粗话的结果是有害无益的，促使孩子主动向被骂者认错道歉。如果孩子还是不改，家长可以和孩子订立口头协议，如果犯规就要受到小惩罚，让孩子在惩罚中接受教训。

奇奇妈妈，教育孩子应该讲求艺术，教会孩子用恰当的方式表达感情，建立孩子的信任感和安全感。在孩子的成长过程中，几乎所有的孩子都说过脏话粗话。作为家长，既不能把孩子说脏话粗话视为洪水猛兽，严厉惩罚孩子，也不能放任自流，听之任之。我相信，经过你们的努力，孩子说脏话粗话的现象一定会得到纠正的。

最后，祝您全家身体健康，快乐幸福，事事如意！

此致

敬礼

殷老师
2016 年 3 月 11 日

56

忠为衣兮信为裳
——如何矫正孩子的撒谎行为

恺恺爸爸：

您好！

来信已收悉。来信中您谈到您家大宝恺恺是男孩，今年 12 岁，正在上小学五年级，得益于国家计划生育政策调整，您爱人于两年前生下二宝静静，静静是个女孩，今年才 25 个月。您对恺恺要求非常严格，恺恺从小就怕您。去年恺恺升入了五年级，有一次恺恺问您要钱，问他原因，恺恺说笔盒里文具被人偷走了，老师也查不出来是谁偷的，只能拿钱重新去买，恺恺说的时候还大声痛斥小偷。谁知您第二天却在街上看见恺恺，手里拿着肯德基，一边走一边大摇大摆地吃着。还有一次，您发现恺恺数学考试得了个零分，问他原因，恺恺说是因为要参加英语口语比赛，才没有考数学。您信以为真，第二天数学老师却打电话来反映，恺恺数学考试作弊，为了惩罚他这种不诚实的行为，数学老师给了他零分。诸如此类的谎言，还有很多很多。面对孩子的撒谎行为，您不知道该如何对他进行教育。

恺恺爸爸，孩子爱撒谎的原因与家庭教育的过分严格、补偿自我和降低焦虑的心理需要等因素有关。当人们受到环境的压力或内心欲望的驱使时，往往可能出现脱离自我控制的行为，有时会出现完全悖离自己认知的言行，这时谎言便应运而生。撒谎行为会让孩子情智发育过程偏离正常轨迹，容易导致人际关系和信任的缺失，受到团体和好友的孤立，时常处于紧张焦虑状态，影响身心健康。

恺恺爸爸，恺恺撒谎是不诚实的表现，长此以往会严重危害孩子的健康成长。因此，有必要及时加以矫正。那么，应该如何矫正孩子的撒谎行为呢？

1. 弄清撒谎原因

当家长怀疑孩子说谎时，首先应进行仔细的调查，了解清楚孩子说谎的动机和性质，是无意说谎还是有意说谎，是偶尔说谎还是经常说谎，然后根据不同的说谎行为有的放矢地加以纠正。比如，对于孩子的无意说谎，家长不必大惊小怪，只要帮助孩子分清想象与现实间的差异即可；对于孩子的有意说谎，家长要及时地发现和揭穿孩子的谎言，并让孩子明白说谎是要受批评和惩罚的，将孩子说谎的企图及时地化解掉。

2. 做好孩子榜样

家长要发挥榜样示范作用，以身作则，言行一致，做一个诚实正直的人。在孩子面前要讲真话，做实事，说到做到，树立诚实的形象，提高威信。

3. 注意正确引导

美国总统华盛顿小时候在园里砍了一株樱桃树，他的父亲知道了，非常气愤，华盛顿急忙跑去承认，说是他砍的。他的父亲不但不责备他，反而嘉许他，鼓励他处处要诚实。以后华盛顿事事做得诚实，绝不说谎，终至成就了伟大的事业。这个故事说明了家长的教育引导十分重要，家长对孩子的错误要做好耐心细致的教育工作，讲清谎言的祸害和弊处，语重心长地对孩子进行诚信教育。如果家长对一个承认错误的孩子横加指责，必然在孩子的心灵里播下不诚实的种子。

4. 做好心理保健

孩子撒谎是由贪婪、焦虑、补偿等心理问题引起的，通过自我鼓励、积极暗示、转移注意力、积极咨询求助等一系列自我心理保健的方法，可以避免撒谎念头的产生和撒谎行为的发生。

5. 共情孩子感受

在处理孩子撒谎事情上，家长不应该扮演检察官的角色，不应该夸大事实把事态弄大，更不能打骂逼供，而应在指出孩子的问题时，直接说出事情的真相，并明确表明自己的态度。例如，当学校通知孩子的数学考试不及格时，家长不应该问："你的数学考试通过了吗？我已经和你的老师谈过了，知道你考得糟透了。"而应该直接告诉孩子："数学老师告诉我你没有通过考试。我知道你心里很难受，我也很担心，不知道该怎么帮助你。"等等。这样共情孩子感受，就能防止孩子防御性撒谎。

恺恺爸爸，陶行知曾说过："千教万教，教人求真；千学万学，学做真人。"青少年是祖国的未来，民族的希望。作为家长，我们应教育孩子从小养成诚信的道德品质，从自身做起，从具体事情做起，为全社会营造诚实信用的良好环境尽到自己的责任。我相信，通过你们的努力，孩子撒谎的问题一定会得到有效解决的。

最后，祝您全家身体健康，快乐幸福，事事如意！

此致

敬礼

殷老师

2016 年 4 月 30 日

合理膳食添营养
——如何矫正孩子的挑食偏食

雷雷爸爸：

您好！

来信已收悉。您在来信中谈到您养育了两个孩子，大宝雷雷是个男孩，今年 5 岁，正在幼儿园上中班，喜欢吃薯条、饼干等零食，二宝丽丽是个女孩，今年 4 岁，正在幼儿园上小班。昨天吃午饭时，正当丽丽津津有味吃着时，雷雷却拿着勺子在盘子里搅来搅去，就是不将饭菜放入口中，还一边搅一边说："这个胡萝卜我不要吃，这个鸡蛋我也不喜欢吃⋯⋯"眼看丽丽都快吃完了，雷雷才吃了几小口。当您催促雷雷快吃，并在他碗里夹上木耳时，雷雷竟大声说着："我不要吃，我不喜欢木耳。"然后大哭起来。您随即喂了雷雷一口木耳，雷雷竟呕吐起来。看到孩子的这种情况，您心里真不是滋味，但又不知道该如何矫正孩子挑食偏食。

雷雷爸爸，孩子挑食偏食问题是家长最为关注也是最难解决的问题之一，其原因是多方面的。既可能与孩子的生理特点有关，幼儿的味蕾密度相对较大，对同样味道的食物味觉敏感度较高，因此喜欢吃味道平和的食物，排斥具有特殊气味的食物；也可能与家长的膳食习惯有关，一些家长本身就有挑食偏食的习惯，这些习惯潜移默化地影响着孩子；还可能与家长对孩子过于娇惯有关，为了让孩子吃得更多一点，家长总是选孩子爱吃的做，挑孩子爱吃的夹，长此以往，孩子就容易养成吃饭挑三拣四的坏习惯。

雷雷爸爸，一个人的饮食习惯是在幼儿时期形成和发展的，并会持续到成年甚至一生。挑食偏食行为不仅影响孩子的生长发育，还会影响孩子的长期健康，甚至会导致孩子产生心理障碍。因此，有必要及时加以矫正。那么，应该如何矫正孩子挑食偏食行为呢？

1. 以身作则，榜样示范

家长一方面要以身作则，在孩子面前不挑食偏食，不说某种食物不好或有特殊味道，吃饭时不谈笑，不看电视，给孩子做出榜样；另一方面，家长要耐心地为孩子讲解食物与健康的关系，对孩子不感兴趣的食物，家长要故意做出"有滋有味大口吃"的动作，并给予"真好吃"的称赞声。给孩子尝试一种新食物时，家长要先简单生动地介绍食物名称、生长或制作过程、营养价值等知识，以激发孩子品尝的欲望。

2. 放松心态，避免强迫

有挑食偏食习惯的孩子吃饭时特别紧张，交感神经容易过度兴奋，抑制肠胃蠕动，减少消化液的分泌。因此，家长不要责备或强迫孩子吃不喜欢的饭菜，也不可滥用零食填补，零食往往会造成孩子偏重一种或几种口味，可暂时端走饭菜，让孩子下顿再吃。对某些孩子暂时不接受的食物，可隔几天改变烹调方法后再少量尝试。这样，让孩子逐渐建立"正餐为主，零食为辅"的观念，可以有效地预防孩子挑食偏食。

3. 参与制作，亲身体验

孩子对食物多一些了解，就会对食物多产生一份心理认同，减少对食物的偏见。为此，家长可以带孩子去郊区看看菜地里的菜是怎么长出来的，让孩子帮助家长择菜洗菜，和家长一起在家发豆芽……这样，通过亲身体验，孩子会逐渐爱上自己参与制作的这些食物。

4. 正向强化，系统脱敏

家长一旦发现孩子不挑食偏食时，就要给予孩子精神及物质的奖励，这样经过连续多次强化后，孩子就会逐渐适应正常的饮食方式。对于孩子不喜欢吃的食物，家长在准备伙食时，可以在孩子喜欢的食物中逐渐加入不喜欢吃的食物，让其慢慢适应这些食物的味道，以后逐渐增加不喜欢吃的食物的种类和数量，让孩子一步一步、由易到难地改变挑食偏食的坏习惯。

5. 变换花样，改变方法

很多食物被拒绝，都是因为家庭的烹调方法不当。家长不妨把食物切得小一点，适合孩子取食；把食物做得更美味，用更漂亮的食具盛放。只要食物味道柔和，样子可爱，孩子通常都会乐于接受。引起孩子进食的兴趣后，家长还应变换花样制作食品。比如，有的孩子吃厌了煮鸡蛋，家长可以炒鸡蛋、做荷包蛋、做蛋汤，不断更新烹饪方法，引起孩子进食的兴趣。再比如，孩子吃厌了红烧肉，不愿再吃肉，家长可以把肉做成馅儿，包馄饨、水饺、包子给孩子吃。当孩子吃得津津有味时，可以告诉他，这是肉做的。这样，可以有意识地培养孩子合理饮食的好习惯。

雷雷爸爸，良好饮食习惯的养成是孩子身心健康的前提，家长在培养孩子合理膳食习惯时必须着眼于孩子的内心活动，重视孩子的情感体验，从理念到行为上始终把促进孩子健康放在首位，真正促进孩子身心的健康发展。我相信，随着你们的努力，孩子挑食偏食行为一定会得到矫正的。

最后，祝您全家身体健康，快乐幸福，事事如意！

此致

敬礼

殷老师

2016 年 5 月 15 日

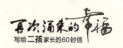

保护牙齿促健康
——如何做好孩子的牙齿保健

罗罗妈妈:

您好!

来信已收悉。您在来信中谈到您生育了两个儿子,大宝沫沫今年 7 岁,正在幼儿园上大班。沫沫小时候特喜欢喝酸奶、吃糖果,早晚又不肯刷牙,以致沫沫最近龋齿特别严重。去年春天只是发现沫沫牙齿有点黑,没想到发展这么快,现在前门牙龋齿,后嚼牙也坏了,一口牙都快蛀光了。如果蹲下身仔细朝沫沫嘴里一瞧,里面的牙齿都变得黑乎乎的,嘴里像爬了一只只小蚂蚁。现在沫沫吃饭速度很慢,胃口也不是很好,还经常塞牙,有时候需用牙线帮沫沫把牙洞里的食物清理出来。龋齿让沫沫自信心很受影响,孩子不敢大声说话,也不敢大笑。二宝罗罗刚满三岁半,牙齿已经全部长全。眼看沫沫就要换牙,您有点担忧沫沫换牙后和罗罗现在的牙齿保健,来信询问,如何做好孩子的牙齿保健工作。

罗罗妈妈,孩子龋齿的发病较为普遍,发病的原因较为复杂。既可能与孩子口腔中细菌的破坏作用有关,变形链球菌和乳酸杆菌在口腔的残留食物上繁殖产酸,酸使牙釉质脱钙,造成龋洞;也可能与牙面牙缝中的残渣有关,孩子临睡前吃东西,或口含食物睡觉,滞留在牙面牙缝上的食物残渣,尤其是糖果、糕点等甜食残渣,是造成龋齿的重要因素之一;还可能与牙齿结构上的缺陷有关,牙釉质发育不良会造成牙齿的抗腐蚀能力差;牙齿排列不整齐,则不易刷净,使残渣或细菌存留,这也是造成龋齿的重要原因。许多家长错误认为孩子的乳牙迟早都要换掉，没什么重要作用，患了龋齿也不需治疗，等换完牙就没事了，没有引起足够的重视，给孩子造成了许多不良后果。

罗罗妈妈，龋齿是细菌性疾病，它可以继发牙髓炎，甚至能引起牙槽骨、颌骨炎症。龋齿的继发感染还可以形成病灶，导致或加重关节炎、心内膜炎、慢性肾炎和多种眼病等全身性疾病。那么，应该如何做好孩子的牙齿保健呢？

1. 坚持正确刷牙

刷牙是去除牙菌斑的有效方法。家长要为孩子选购一支刷头小巧、刷毛细软、毛端圆钝并富有弹性的儿童保健牙刷，再选购一支适合孩子年龄特点的牙膏。孩子一次用牙膏量约豌豆大，随年龄增长可适当增加用量。孩子初学刷牙时，家长应作示范并耐心地教会孩子如何正确刷牙，刷毛与牙面约呈45度，顺着牙缝竖刷。上牙往下，下牙往上，咬合面前后来回刷，而不是拉锯式的横刷，每次刷牙3分钟，每日2~3次，并持之以恒。

2. 注意合理饮食

甜食是孩子偏爱的食品，比如糖果、巧克力、饼干和糕点等，这些食品中含有大量的糖和淀粉，易粘附在牙面上，为牙菌斑中的致龋菌提供了充足的养分，经代谢后产生的有机酸致龋性很强。因此，家长要劝说孩子少吃甜食，尤其不要在睡前吃，如果孩子晚上坚持要吃糖，可想办法转移孩子的注意力，比如，给孩子讲故事、玩心爱的玩具等。此外，要多吃五谷杂粮、豆制品、奶及奶制品、鱼肉蛋禽和蔬菜瓜果等，有规律地咀嚼这些硬度适当、富含弹性纤维素的食物，有利于牙齿和齿龈肌肉组织的健康，既可以将附着在牙齿表面的脏东西随着咀嚼进行清除，还可以防止幼儿牙齿生长排列不整齐，有利于牙齿和牙龈组织的健康。

3. 尽量少用吸管

很多孩子喜欢用吸管喝水和果汁。专家表示，果汁及其他含糖饮料不利儿童牙齿健康，特别是婴幼儿孩子长期使用吸管会导致门牙后部龋齿。

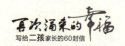

2 岁以后，也不要让孩子用奶嘴喝奶，这是因为奶嘴上的糖分会粘在孩子牙齿上，造成口腔细菌滋生，而产生酸性物质，导致龋齿发生。

4. 实施窝沟封闭

在孩子臼齿的表面，有许多很细小的裂隙和窝沟，尤其是吃完粘性大的食物，这里总是成为藏污纳垢之地，刷牙时这里也是最难清洁的部位。有研究表明，这些窝沟点隙宽度仅 0.1mm，普通牙刷毛是无法深入清洁的，因而这是儿童最容易患龋的部位。牙科医生可以用一种称为"窝沟封闭"的办法来预防窝沟龋病的发生。具体办法是在清洁牙齿表面后，用具有流动性的封闭剂材料涂布在点隙裂沟上，使其深入窝沟内部，材料硬固后就彻底去除这一卫生死角，牙面变得光滑坚固，孩子刷牙也方便很多。

5. 及时去看医生

如果牙列不齐，不但会影响容貌外观，还会因长期嵌顿于牙间隙的食物残屑和菌斑不利于清除，而形成龋洞。因此，需要及时到医院进行矫正。如果家长发现孩子龋齿，也要及时带孩子去看牙科医生，防止龋洞变深变大。有条件的家庭，最好半年带孩子去找牙科医生检查一下口腔。

罗罗妈妈，世界卫生组织将口腔健康列为人体健康的标准之一。拥有一口洁白美丽的牙齿，不仅有助于孩子身体健康，而且会增强孩子自信，焕发孩子生命的魅力，可以使孩子的生活更省心、笑容更灿烂。我相信，经过你们的努力，孩子的牙齿保健一定会取得成效的。

最后，祝您全家身体健康，快乐幸福，事事如意！

此致

敬礼

殷老师

2016 年 6 月 19 日

经常尿床有原因

——如何矫正孩子的尿床现象

迪迪妈妈：

您好！

来信已收悉。您在来信中谈到您生育了两个儿子，大宝拓拓今年 5 岁，正在幼儿园上小班，拓拓性格热情开朗，活泼好动。二宝迪迪今年 4 岁，为人很文静，也很懂事。迪迪其他什么都好，就是晚上睡觉经常尿床，即使你们趁迪迪睡着，偷偷在他屁股上包上尿布，迪迪也会半夜自己把尿布扒了，接着又把小被子踢了，然后翻个身直接尿在床上，再继续翻个身找干爽地方睡去。当迪迪醒来时发现尿湿了裤子，就干脆用小被子盖住全身，躺在床上一动不动。看到孩子这种经常尿床的情况，您感到很无奈，不知道应该怎样纠正孩子经常尿床的现象。

迪迪妈妈，孩子尿床既可能与遗传因素有关，夜间孩子在膀胱充盈时，不能把膀胱充盈的刺激信号像正常人一样传递给大脑皮质，致使膀胱充盈到一定限度后逼尿肌产生收缩，出现尿床；又可能与环境因素有关，突然换新环境、气候变化、睡前饮水过多等都会造成孩子尿床；也可能与精神因素有关，幼儿期的孩子神经系统还未发育完全，神经系统中的兴奋和抑制机能发展不平衡，兴奋过程容易扩散，大脑不能很好地控制行为，孩子白天玩耍过于疲劳、兴奋过度和强烈的精神刺激等，会造成孩子尿床；还可能与训练不当有关，家长没有给孩子进行及时的排尿训练或使用一次性纸尿裤的时间过长，孩子就不能形成条件反射，就无法养成自己控制排尿

的习惯。

迪迪妈妈，孩子尿床长期得不到纠正，孩子容易患泌尿系统感染，尤其容易发生外阴部皮炎；冬天因尿床后受凉容易感冒，影响身体健康；会导致孩子性格内向，不爱交往，脾气固执，有不同程度的自卑心理，不敢参加集体活动，影响孩子正常能力和潜质的发挥。那么，应该如何纠正孩子经常尿床的现象呢?

1. 正确对待尿床

家长应给孩子更多的关怀、安慰和鼓励，解除孩子的恐惧与紧张心理，帮助孩子树立克服尿床尿裤的信心和决心，用积极的态度去克服尿床，千万不能对孩子尿床讥笑、羞辱、责骂，甚至对外宣扬，让其出丑，让孩子产生自卑感和不满的情绪，加重精神负担。对于由于情绪紧张而尿床的孩子，家长要教给孩子放松的技术，比如，深呼吸放松法、想象放松法、给孩子按摩背部、让孩子听舒缓的音乐，让孩子轻松愉快地进入睡眠，减少尿床次数。

2. 进行排尿训练

孩子由于年龄小，膀胱容量小、顺应性差和感知能力不高，对大脑皮层的刺激强度低于睡眠觉醒阈值，不能提供排尿预警信息。因此，家长在白天要尽量训练孩子延长排尿间隔时间，扩大孩子膀胱容量。每天睡前家长要帮助孩子养成把小便排干净的习惯，使孩子膀胱里的尿液排空。同时家长要把握孩子夜间排尿的规律，在孩子尿床前把孩子叫醒让他排尿。

3. 防止睡前刺激

家长要求孩子每天下午4点以后少饮水，晚饭少吃流质，也不宜吃西瓜、橘子、生梨等水果及牛奶，以减少夜里膀胱的贮尿量。同时睡前不可让孩子剧烈活动，不看惊险紧张的影视片，以免孩子过度兴奋。

4. 建立条件反射

家长可以采购一套遗尿的警报装置，让孩子睡觉时，身下放一电子垫和一电铃相连接，一旦电子垫被尿湿时，接通电路而使电铃发声，提醒孩子起床排尿。

5. 不可乱用偏方

不少家长发现孩子尿床以后，就经常带孩子上医院检查。遗尿是功能性疾病，常规尿检 B 超只能查炎症。经常检查只会给孩子带来沉重的心理压力，专业治疗才是关键。有的家长为追求快且省钱的目的乱用民间偏方，结果副作用大，影响孩子身体健康。

迪迪妈妈，孩子尿床严重影响了孩子的健康成长，不及时纠正将严重影响孩子将来的工作、人际关系和家庭和睦，做家长的千万别受"尿床不是病"的传统观念的误导，忽视孩子的尿床现象，给孩子造成终生遗憾。我相信，经过你们的努力，孩子的尿床问题一定会得到解决的。

最后，祝您全家身体健康，快乐幸福，事事如意！

此致

敬礼

殷老师

2016 年 6 月 25 日

理性消费助成长

——如何增强孩子理性消费能力

晟晟妈妈：

  您好！

  来信已收悉。您在来信中谈到您前夫痴迷于赌博，六年前你们夫妻办理了离异手续。四年前，您和现在的丈夫结婚，现在的丈夫结婚前就有一个女儿玲玲，玲玲今年 10 岁，正在上小学三年级，玲玲买东西喜欢大手大脚，从不顾及家里的经济情况。后来您和现在的丈夫又生下儿子晟晟，晟晟现在 3 岁。前几天，您和晟晟到超市去购物，晟晟站在糖葫芦面前好长一段时间，看得出他非常想买。过了好一会儿晟晟才问您："妈妈，我想买个糖葫芦，好不好？""咱就买一串，糖葫芦糖分太高，吃多了会引起龋齿。"您说。"这样啊，妈妈，那咱们就买一小串吧，解解馋就行，还省钱呢！"晟晟说。"我们晟晟真懂事，还知道精打细算呢！咱过日子就得这样，你说是不是！"你们的对话和笑声感染了超市的售货员，大家都笑了起来。看到晟晟从小就有这种理性消费的理念，您心里感到非常欣慰，但不知道怎样进一步培养两个孩子理性消费的行为。

  晟晟妈妈，理性是指人在正常思维状态下为了获得预期结果，有自信与勇气冷静地面对现状，并快速全面了解现实分析出多种可行性方案，再判断出最佳方案且对其有效执行的能力。理性消费是指遇到孩子消费时不冲动，不凭感觉花钱。孩子理性消费的行为与社会从众心理的影响、家长消费的情况和孩子自我控制能力等因素有关。理性消费行为是孩子理财能力的重要组成部分，是孩子今后积攒财富的重要保证。

晟晟妈妈，如果孩子过度注重物质享受，乱花钱，不仅加重家长的负担，也会消磨掉孩子艰苦奋斗的意志，导致孩子盲目追求高消费，形成崇尚物质、任性自私、好逸恶劳等不良性格，不利于孩子的健康成长。那么，应该怎样培养孩子理性消费行为呢？

1. 分清"需要"和"想要"

家长要帮孩子分清楚"需要"和"想要"，即让孩子明白有没有做到理性消费，有没有冲动消费，有没有造成浪费。对孩子"需要"的东西，家长要尽量满足；对孩子"想要"的东西，家长要分情况区别对待，该拒绝时就要坚定地拒绝。

2. 克服"冲动"和"虚荣"

孩子年龄尚小，抵制诱惑的能力比较弱，很容易出现"冲动"消费，这时家长就要指出孩子消费中的冲动之处，指导孩子管理好自己的金钱，理智地对待消费。孩子在消费的过程中有时会出现虚荣心理，这时家长要注意正确引导孩子，不要让孩子在消费的过程中被虚荣心控制，做到有效理财。

3. 学习"技巧"和"方法"

家长要教给孩子一些最基本的消费技巧和方法。比如，如何利用优惠券，买东西时如何货比三家等等。这些技巧能够让孩子"花小钱办大事"。经常这样，不仅可以节省开支，而且可以发展孩子人际交往的能力。

4. 懂得"量力"和"适度"

家长要让孩子了解家庭的财政收支情况，清楚家庭的经济账，明白家庭的经济承受能力，让孩子量力适度消费，在家庭的经济承受能力范围内来消费。这样，才能够让孩子做到理性消费，培养孩子正确的消费观念。

5. 巧妙"拒绝"和"制止"

在拒绝孩子的非理性消费行为中，制止的技巧非常重要。如果处理不当，孩子会很受伤，甚至引发亲子大战。购物前，家长应跟孩子通过民主

协商，约定只能买什么，商量好了再出门。购物过程中，对于已经约定的内容就要坚决执行，如果孩子哭闹，家长要坚定地告诉孩子："哭闹没有用，有事回家再说。"如果孩子依然哭闹，家长可以带他离开，但不可打骂斥责或者生拉硬拽。回家后，家长可以对孩子说："今天你在超市看到了很喜欢的玩具，想买，但还是忍住了，遵守了与爸爸妈妈的约定，这样做非常棒！"

晟晟妈妈，要想培养孩子良好的消费观念，家长应以身作则，理性消费，向孩子传递正确的消费观，不断纠正孩子错误的消费要求和行为；家长要在平时的点滴生活中，利用好合适的教育时机，教给孩子有关消费的一些常识，让孩子学会消费。家长的这种教育和引导应和风细雨，耐心坚持，以求润物细无声的效果。我相信，通过你们的努力，孩子的理性消费能力一定会得到发展的。

最后，祝您全家身体健康，快乐幸福，事事如意！

此致

敬礼

殷老师

2016 年 9 月 29 日

后记

宋庆龄曾经说过："孩子长大成人以后，社会成了锻炼他们的环境。学校对年轻人的发展也起着重要的作用。但是，在一个人的身上留下不可磨灭的印记的却是家庭。"人的一生要经历三大教育，即家庭教育、学校教育、社会教育，从一个人接受教育的过程来看，家庭教育是一个人接受最早、时间最长、影响最深的教育，既是启蒙教育，也是终身教育。一个人从出生到成人，都离不开家庭的教育和影响。因为家庭是孩子的天然学校，父母是孩子的第一位老师。人们常说：孩子是家长的影子，家长是孩子的镜子，就是这个道理。可见，家庭教育对孩子的健康成长来说是非常重要的。

每个家长都爱孩子，但爱孩子并不简单，只凭一腔热爱是远远不够的，还要掌握科学的理念和方法。不少家长面对大宝教育的不尽如人意，就采取相反的方式教育二宝，要么过分宠爱二宝，要么过分管制二宝。宠爱的时候恨不得把整个世界搬到孩子面前，对孩子千依百顺，甚至超前、超量满足，以显示自己对孩子的爱。管制起来的时候肆意打骂孩子，美其名曰是为孩子好才严格要求，实则是家长没有自我学习、自我提升，没有找到教育孩子的真正方法，以简单粗暴的打骂代替教育，这样的"严厉"不仅不能教育出优秀的孩子，还将对孩子的内心造成极大的伤害，催生了孩子的逆反心理和对抗行为。因此，从2015年开始，我们两人在做好学校教育教学和管理工作之余，访谈了300多个二孩家庭，不少家长提供了许多

二孩教育的经验教训，并提出了许多家庭教育问题。我们于 2016 年 6 月开始撰写这本《再次涌来的幸福——写给二孩家长的 60 封信》书籍，详细解答家长的困惑。本书撰写前后历时半年，每天花 2 个多小时撰写，到 2016 年 11 月底完成草稿，2016 年 12 月开始修改，几易其稿，终于完成。全书分为亲情关系编、积极心理编、学习辅导编和行为辅导编四部分，共有写给二宝家长的 60 封信。在撰写过程中，得到了江阴市教育局、江阴市南闸实验学校和江阴市第三实验幼儿园领导和老师的大力支持和曹慧珠育婴师的鼎力帮助，在此一并表示感谢。由于我们的知识水平有限，书中不当之处敬请大家批评指正。

殷余忠 殷丽芳

2016 年 12 月 25 日